KB144066

구나 쉽게 부담 없이 배울 수 있도록

례적으로 정리된 사주의 바이블

사주대로 산다

사단법인 한국자연지리협회

회장 노영준 저

사주
고급

사단
법인 한국자연지리협회 　백산출판사

패철 大·12선도 전면도

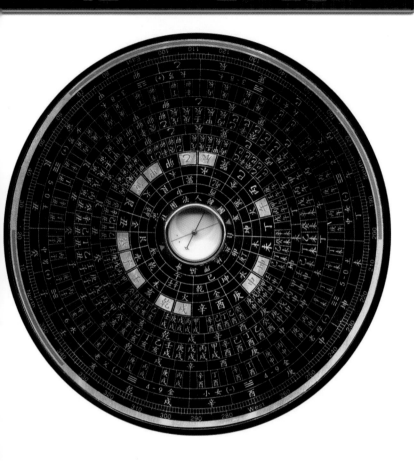

패철 전면도

패철은 소자가 6선이고 중자는 9선, 대자는 12선으로 되어 있다. 패철의 면도는 사방팔방의 방위를 측정하게 되고, 패철은 과거 중국에서 만들어서 현재까지 전해 내려오는데, 현대문명이 발전하면서 지구의 방위와 군용, 여행용으로 사용되고 있으며, 패철의 전면도는 풍수지리에서는 음택당과 양택풍수를 보는데 사용하고 있다. 그리고 사주에서도 오행이 부족한 것이 있는 사람은 잠을 잘 때 머리 위에다 놓고 자게 되면 잠이 잘 오고 족한 오행의 기(氣)를 받게 된다. 패철은 우주의 축소판으로 오행이 모두 겨져 있기 때문이다.

매화(梅花)는 수(水)

■■■■ 매화

　매화는 얼음 속에서 찬 고!
을 겪고 꽃을 피워 그 향기!
맑고 사람은 쓰라린 고통을 !
이 겪고 성장하므로 크게 성!
을 할 수 있다는 것이다. 매!
는 50대 여성에 비유되며 살!
온 인생역정에 과거를 회상!
면서 꽃을 피우니 고목나무!
서 피는 꽃은 매화뿐일 것이!
그래서 그의 고결함과 맑음!
말함이다. 매화는 한대성식!
로서 음양오행에서 북방水!
다. 사주에서 水가 부족하다!
매화그림이 좋다. 돼지띠나 !
띠, 호랑이띠, 토끼띠는 말!
것도 없이 매화그림과 난초!
림이 좋다. 매화는 1, 6水로!
홍백에 꽃을 피우니 水를 생!
는 구도와 기법과 색상을 맞!
주어야 한다.

난(蘭)은 목(木)

난초

　난초는 봄의 식물로서 동쪽의 식물이다. 무심한 잡초와는 달리 고산 △질에 알맞은 기후에만 뿌리를 내리고 서식을 하며 꽃망울을 터뜨리고 △음이 맑지 못한 사람에게는 향기조차 내뿜지 않는다는 기질인데, 그 △ 지고함을 사람에게 비유한다면 20대의 젊은 여성에 비유된다. 음양오 △에서 木으로서 예부터 난초의 향기는 천리를 간다고 하였다. 사람의 △주에서 木이 부족하면 난초그림이 좋으며 호랑이띠, 토끼띠, 뱀띠, 말 △에게는 난초그림이 좋다. 물론 木을 생할 수 있는 구도와 기법과 색상 △을 써서 그려주어야 한다.

죽(竹)은 화(火)

■■■■■ 죽 ■

죽은 굳은 절개와 꿋꿋한 의지를 지니고 사시사철 푸른 잎을 자랑하는 기풍을 가지고 있고 사군자 중에서 남쪽에 열대성식물이다. 4월 5월에 죽순이 돋아나 서장기일은 15일에서 20일 동안 자라서 평생을 여문다 하여 그의 강건함과 유연성을 동시에 지닌 식물이다. 사시사철 푸르다 하여 선인들은 북쪽의 식물로 취급하기도 했다. 대나무는 왕성한 30대에 비유되며 中女火이다. 대나무는 음양오행에서 남방火에 해당된다. 뱀띠, 말띠, 소띠, 용띠, 양띠 개띠는 대나무그림이 좋다.

국화(菊花)는 금(金)

■■■■ 국화 ■

　국화는 가을철의 식물이면서 서방金으로 봄에 싹을 터서 여름에 무성함을 지나 가을에 꽃을 피우니 9월 9일 九九절이라 국화의 향기가 그윽하여 고고한 자태와 우아함을 지낸 40대 여성에 비유된다. 풍만하고 경륜을 지닌 어머니의 상으로서 다른 식물들은 찬 서리를 맞고 시들어지고 없는데 국화만이 우아한 품위를 잃지 않고 향기를 내뿜고 있다는 것이다. 사주에서 金이 없으면 국화그림이 제일 좋으며 원숭이띠, 닭띠, 돼지띠, 쥐띠는 물론 국화그림이 제일 좋다.

산수화(山水畵)는 토(土)

■■■■ 산수화 ■

辰, 戌, 丑, 未띠는 산수화그림과 대나무그림이 좋다. 용띠, 개띠, 소띠, 양띠는 오행이 土이므로 산수화그림은 土이고 대나무는 火이기 때문에 土를 보태어줌으로써 좋고 土는 태양이 땅을 쬐어 주어야 만물이 자랄 수 있기 때문에 火生土로서 순행하게 된다.

 # 머리말

　이 세상의 모든 동식물은 태어나면서부터 운명이 이미 결정되어 있다. 그것은 식물도 봄에 싹을 틔워서 여름에는 한참 무성하게 자라나서 꽃을 피우게 되고, 가을에는 열매를 맺음으로써 생을 마감하게 되고, 겨울에는 잠을 자게 되는 것이 사계의 상생의 순환이치에 따른 것이다. 봄에 새싹을 틔울 때부터 이미 결정되어 있다는 것이다. 그런데 만물의 영장이라는 인간이라고 해서 별로 다를 것이 없다.

　인간도 태어나면서부터 사계절과 같이 초년기를 거치고 중년기·장년기를 거치면서 말년에는 생을 마감하게 되는 것이다. 그러나 인간은 일평생을 살아가는 동안에 어떻게 하면 보람되게 잘 사느냐하는 것이 숙제인 것이다.

　그것은 개개인마다의 생각에 차이가 있을 것인데, 어떤 이는 재물을 많이 모아서 잘사는 것을 원할 것이고, 어떤 이는 높은 벼슬을 원하는 이도 있을 것이다. 그런데 그 중에는 깊은 학문을 탐구하여 세상의 이치를 터득하고자 하는 이도 있다. 그러나 어떻게 생을 살아가는 것이 꼭 좋다는 기준은 없다. 다만, 건강하고 열심히 노력하면서 최선을 다해서 주위 사람들과 친분을 돈독히 하고 약자를 도와주며 강자에게는 강할 줄 아는 것이 하나의 방법이기도 하다.

그런데 필자는 40여년 동안 사주학과 풍수지리를 공부하고 연구하면서 나름대로 터득한 내용들을 한 권의 책으로 엮으면서 많은 사람들과 후학들이 이 책을 읽고서 조금이나마 공부가 되었으면 하는 마음으로 정성을 기울여보았다.

무엇보다 오늘날에 와서는 한문을 많이 공부하지 않는 관계로 한자를 모르는 이들이 읽기 편리하게 한문을 많이 배제시켰고 어려운 사주 용어들을 풀이하여 우리 한글로 해석이 가능한대로 쓰고 엮게 되었으며, 사주학에서 초·중·고가 구분이 가능하도록 체계적으로 정립을 하여 보았다.

그리고 40여 년 동안 많은 사람들의 사주를 풀이해 주고 지켜봐왔던 사람들의 실전적 사주사례를 그대로 옮겨 놓았다. 그리고 사주학을 공부하는 사람이라면 누구든지 풍수지리를 공부함으로써 소위 반풍수라는 말을 듣지 않게 된다는 점을 강조하고 싶다. 풍수지리를 하는 사람이 사주를 모른다면 어찌 풍수라 할 수 있으며, 또한 사주를 하는 사람이 땅을 볼 줄 모른다면 어찌 진정한 철학자라 할 수가 있겠는가! 필자는 40여년 동안 화가로서 풍수지리와 사주를 병행해서 공부를 하였던 관계로 많은 사람들로부터 화가냐, 풍수지리가인가, 아니면 철학자인가 등의 질문을 많이 받았다. 그러나 동양의 철학을 모르고 또 땅을 볼 줄 모르고서 어찌 그림을 그릴 수가 있겠는가! 그림을 그리기 위해서는 시서화(詩書畫)를 통탈하라고 했고, 땅을 보려면 의복풍(醫卜風)을 통달하라는 선대의 가르침이 있었다는 사실을 알았으면 하는 것이다.

그래서 풍수지리 서적도 본 협회에서는 「명당의 기운」 초·중·고와 「양택풍수 인테리어」 초·중·고 그리고 「사주 비결록」 초·중·고, 「사주대로 산다」 초·중·고로 분리하여 체계화하였다. 그리고 지금까지 공부한 내용의 일부분과 고서의 내용을 참고로 「사주학에 대한 역학사전」을 펴내기도 하였다. 사주학을 공부하는 사람들은 누구나 참고가 될 것이라 생각한다. 그리고 「사주대로 산다」와 「사주비결록」은 기초적인 부분에서는 크게 다를 것이 없으나 화복론에 있어서는 많은 차이점이 있게 된다.

사주의 학문을 오래 공부해 온 이들은 쉽게 알 수 있을 것이다. 인간의 일생을 다루고 조상과 본인 그리고 자식에 이르기까지 삼대에 걸쳐서 볼 수 있고, 더욱 깊이 들어가게 되면 그 집안의 가문까지도 알게 되는 방대한 학문으로서 어찌 몇 권의 책으로 모두 담을 수 있을 것인가를 생각해 보면 이해가 갈 것이다.

인간이 이 세상에 태어나게 되면 태어난 자리에서 심호흡을 하면서 氣를 받아들여 그 기운을 신장에다 감추게 되면 그 기운을 가지고서 일생을 살아가게 되는 것이므로 풍수지리의 학문이 꼭 필요하다는 것이다. 풍수지리를 공부하지 않으면 태어난 장소가 좋고 나쁨을 알 수가 없는 것이다. 인간은 태어나면서부터 심호흡을 하면서 氣를 받음으로써 일생동안 살아갈 하나의 결정체가 되는 것이다.

이러한 사주학이나 풍수지리가 보이지 않는 氣의 학문이라 하여 반미신으로 보거나 통계학으로 매도가 되는 일이 없었으면 한다. 그러므로 풍수지리나 사주학은 어디까지나 첨단과학이 모두 풀지 못한 천체의 천문학이라고 할 수 있다. 아무쪼록 이 책을 읽고서 앞으로 사주학이 체계적으로 크게 발전이 되었으면 하는 것이 저자의 바람이다.

사단법인 한국자연지리협회
이사장 노 영 준

차 례

제1장 부모

년상 정재격 – 조상에 가업을 물려받는다.

년상 정재격 사주 예

시주	일주	월주	년주	구분
己 亥	丙 戌	壬 戌	辛 卯	사 주
	辛丁戊			장간

이 사주는 丙戌 일주가 壬戌 월주에 태어나서 신강하다.
월지의 戌土의 지장간 중에 辛金이 년간에 투출(投出)이 되
어서 년상 정재격이 되었다.

사주가 년상 정재격이 되면 재물이 조상에서부터 내려온
다는 것을 알아야 한다. 그러나 이 사주는 월간에 壬水에
편관이 있어서 부모덕이 없다고 보는 것이다.

사주가 정재격이 되면 정재의 힘이 강하다는 것인데, 강
한 정재가 식신이나 상관이 함께 있게 되면 좋다. 사주 내

에서 정재격이 되어 관이 있으면 길명인 것이 틀림없으나, 주 중에 비겁이 많으면 관운이 와도 발복이 미미하다.

이 사주는 비견이나 비겁이 없으므로 인수나 비겁 운에서 발복을 하게 된다. 사주가 정재격인데 정재가 년간에 투출이 되고 일지와 월지 지장간에 암장되었다 함은 조상에게 물려받은 재산과 유산으로 가업을 꾸리게 된다.

연월·충파 – 타향에서 자수성가한다.

연월 충파 사주 예

시주	일주	월주	년주	구분
己	丁	乙	辛	사
酉	巳	未	丑	주
		丁乙己	癸辛己	장간

이 사주는 丁巳 일주가 월지 未土를 만나서 월령하지 못했어도 未土가 火 절기에 해당하는 土로서 실령하지 않았다. 월간 乙木이 편인이요 일지에 득지함으로써 신왕하다지만, 연지에 丑과 월지에 未가 丑未 충으로 충돌을 하고 있다. 연지가 월지를 충하면 조상과 부친이 충돌하여 조상이 가난하며 타향살이를 한다.

조상 궁이 충이 되면 부모의 가정이 패하여 고향을 떠나게 되고 시·일이 합이 되어서 가정을 이루어도 비천하다. 월상·편재는 파살(破殺)이 없어야 재물이 있다. 이 사주는 년지 丑土의 지장간에 癸辛己가 암장되어 있고 월지 未土 중에는 丁乙己가 암장되어 있어서 서로가 지장간에 힘을 얻어서 한 치의 양보가 되지 않음으로써 가산이 몰락하게 되고, 丁火 일주는 乙木을 배경으로 하여 타향에서 자수성가하게 되는 명이다.

연간·정재 – 조부(祖父)가 부귀하다.

정재격 사주 예

시주	일주	월주	년주	구분
戊 子	丙 午	甲 戌	辛 巳	사 주
		辛丁戊		장간

이 사주는 丙午 일주가 甲戌 월주에 태어나서 신왕한 사주이다. 그런데 신왕한 만큼 재가 있어야 되고 관이 있어서 견제세력이 조정역할을 해야 한다.

그런데 정작 정재가 년간에 辛金이 있지만 거리가 너무

멀고 辛金은 丙火에 정재로서는 진정한 재가 되지 못하고 있다. 그런데 연상정재는 조부가 부귀한 사람이다.

년간은 조부를 말함이나 정재가 년간이면 초년기에 부유했다. 연이나 월에 정재가 있고 또 정관이 있으면 부귀가에서 생한 사람이요, 혹 양자 또는 양가를 상속한다.

그런데 월지 戌土의 지장간에는 辛金이 암장되어 있어서 그 辛金이 년간에 투출이 되어서 정재격이 되었다. 사주가 정재격이면 정재의 세력이 사주를 지배하므로 귀한 사주가 된다.

그러나 이 사주는 일주가 丙午火로서 사주를 지배하게 되어서 장년 이후에 빈곤하게 된다. 처(妻)가 가사를 책임지고 경영권을 가진다 함은 남편이 무능하고 우둔하다는 뜻이 된다. 실제로 丙火는 편관의 힘에 밀리고 정재인 辛金은 편관인 水를 생해서 丙火를 무능하게 만들고 있다.

연간 · 비겁격 - 부친 사망이다.

년간 · 비겁격 사주 예

시주	일주	월주	년주	구분
癸 丑	癸 巳	丙 申	壬 子	사 주
水 土	水 火	火 金	水 水	오 행

이 사주는 癸巳 일주가 丙申 월주에 태어나서 신이 왕하다. 그런데 사주에서 비견이 있고 연주가 겁재로서 신이 크게 왕하다. 반면에 월간에 丙火는 인수가 없다.

인수가 없다는 것은 뿌리가 없다는 말이다. 그러나 일지 巳火의 지장간에 丙火가 암장되어 있어서 癸水의 입장에서는 재성이 좋다고 보는 것이다. 그러나 가장 중요한 것은 재성이 월간에 투출이 된 것은 좋으나, 인수인 木이 없어서 물려받은 재산을 크게 늘리지 못하게 된다.

그런데 년간에 壬水 편관이 있고 일간에 정관이 있어서 사주에서 오행의 구성의 이렇게 되면 흉격이다. 특히 정재와 겁재가 동주(同柱)가 되면 부친이 일찍 사망하고 조상이 빈곤하여 덕이 없는 사람이다.

가령 이 사주의 월주가 丙申인데 丙火의 재는 申金인데
申金이 자식을 분별없이 낳아서 남편을 극을 하게 되니 남
편이 감당을 하지 못하고 일찍 사망하게 되는 것이다. 이것
은 丙火가 모체인 인수가 없는 까닭이다.

월주·상관 - 조상을 명당에 모셨다.

월주·상관 사주 예

시주	일주	월주	년주	구분
壬	癸	甲	辛	사
戌	未	寅	丑	주
		戊丙甲	癸辛己	장간

이 사주는 癸未 일주가 월지 寅木의 지장간에 甲木이 월
간에 투출이 되어서 상관격이다. 그런데 시간에 壬水가 겁
재로 도와서 비견과 겁재도 이러한 때에는 도움이 된다. 그
리고 년주가 辛丑이므로 년지 丑土 중에는 辛金이 암장하
고 있는데 그 辛金이 년간에 투출이 되어서 월간 甲木의 정
관이 되어서 감시를 하고 있고, 일간에게 금생수(金生水)로
돕게 됨으로써 안도할 수 있게 된다.

사주 구성에서 년주에서 일간을 돕는 오행이 있으면 이
것은 대부분 조상의 묘를 명당에 모셨다는 증거가 된다. 그

래서 사주의 구성을 보고 그 집안에 조상을 명당에 모셨는
지를 알 수가 있다. 사주 내에서 조상의 내력과 부모와 본
인 그리고 자식代까지 분별할 수가 있는 것이다.

월주·상관격 – 모친이 장수한다.

월주·상관격 사주 예

시주	일주	월주	년주	구분
戊 戌	丙 申	己 丑	乙 亥	사 주
辛丁戊	戊壬庚	癸辛己	戊甲壬	장간

이 사주는 丙申 일주가 己丑 월주에 태어나서 월지 丑土
의 지장간에 己土가 월간에 투출이 되어 상관격이다. 일간
이 약하기는 하지만 년간 乙木이 정인이고 년지 亥水 지장
간에 甲木이 암장되어 있어서 크게 약하지는 않고 시지 戌
土 지장간에 丁火가 암장되어 있고 시간에 戊土 역시 건조
한 土가 됨으로써 일간에게 크게 부담이 없게 되었다.

丑土의 지장간에 癸辛己가 암장되어 있고 申金 중에 庚
金과 壬水가 암장되어 있어서 년지 亥丑이 같은 성격에
金·水가 되므로 丑土로서는 전혀 氣를 빼앗기게 될 이유
가 없어서 어머니가 수명이 장수하게 된다. 선천 운에서 모

친의 수명이 길게 된다는 것은 사주팔자 구성에서 알 수가
있다.

월지 · 편재 · 장생 – 부모가 장수한다.

편재의 십이운성 사주 예

시주	일주	월주	년주	구분
甲辰	丁巳	乙酉	癸卯	사주
	戊庚丙	庚辛		장간

이 사주는 丁巳 일주가 乙酉 월주에 태어나서 득령하지
못했으나, 일지에 득지를 했고 시간에 甲木이 정인이 되어
서 신왕한 사주다.

사주가 신왕하고 월지 · 편재가 장생으로, 월지 · 편재가
장생이면 부모가 장수하고 부(父)의 유산이 많고 부자간에
화합한다.

그러나 편재가 묘(墓)에 있으면 부(父)가 일찍 사망해서
부의 덕이 없다. 일지 巳火는 丁火와 겁재 관계로서 巳火
지장간에는 庚金이 암장되어 있는데, 이 庚金이 정재로서
정처가 되는데 巳火 중에 丙火가 암장되어 있어서 丙火는
丁火의 비겁이 되어 정재를 비겁이 안고 있는 격으로 대운

이 비겁운으로 오면 마누라를 빼앗기게 되는 사주다.

월지 · 목욕 – 부(父)가 풍류객이다.

월지 · 목욕 사주 예

시주	일주	월주	년주	구분
己	丙	辛	庚	사
丑	午	卯	戌	주
	丙己丁			장간

이 사주는 丙午 일주가 辛卯 월주에 태어나서 득령을 하였다. 丙午 일주가 간여지동이고 양인격으로 년간 庚金이 편관이고 丙火 일간에 월지 卯木이 목욕(沐浴)이다.

사주 내에서 월지 목욕이 되는데, 사주 내에 인수가 목욕에 있으면 부(父)가 풍류객이요 부친이 양자가거나 부가 타지에서 살게 된다.

목욕은 나체로 물에 들어가는데, 나체로는 타인을 대하지 못하고 혼자 있게 되므로 친지가 많은 고향을 떠나게 되고 가족을 대하지 못하므로 그 집에 있지 못하게 됨으로써 양자로 가게 된다.

이 사주는 일주가 간지동이고 시주가 간지동이 되어서

부부 운이 좋지 못하고 부인이 2명의 자식을 두었으나, 자식까지 유전성이 있어서 애정운이 매우 미약하다. 월지·편재가 사(死)나 절(絶)에 있으면 부모의 유산이 없거나 부가 병약하고 월지·편재가 공망(空亡)에 있으면 부모의 음덕이 없고 부친이 조사(早死)한다.

월상·비겁 — 부친이 패가(敗家)한다.

월상·비겁 사주 예

시주	일주	월주	년주	구분
丙	己	戊	甲	사
子	丑	戌	申	주
		辛丁戊		장간

이 사주는 己丑 일주가 戊戌 월주에 태어나서 득령을 하였고 일지 丑土에 비견을 만나서 득세를 했다. 년간 甲木이 甲己合土가 되어서 신왕하다. 월지 戌土의 지장간에 戊土가 월간에 투출이 되어서 겁재격으로 정재·편재가 동주하고 있다.

이렇게 되면 대운에서 관운이 들어오면 운이 풀리게 되고 사주 내에서 편재와 비겁이 동주가 되면 비겁운에 재난이 있고, 본래 월주는 부모의 궁으로서 부모의 궁이 재가 되거나 인수가 되어야 순행의 이치가 되는데, 반대로 겁재 격이 되었다 함은 부모의 덕을 더 이상 발랄 수 없게 된다.

그래서 편재가 겁재를 만나면 부친이 파산하고 편재가 식신상관을 만나면 재가 크게 발복한다. 이 사주는 시주가 재성이 되어서 노년운에서는 재물을 얻게 된다.

식신이 편재를 생하면 첩이 본처를 능가하고 정재가 왕 하면 정처가 첩을 못 두게 하고 편재가 정관을 만나면 대길 하나 편관을 만나면 흉하게 된다.

월지 · 식신 – 모친이 체격이 비대하다.

년상편인격 사주 예

시주	일주	월주	년주	구분
丙 戌	庚 子	丁 亥	壬 子	사 주
		戊甲壬		장간

이 사주는 庚子 일주가 丁亥 월주에 태어나서 월자 亥水 가 식신인데 亥水의 지장간에 壬水가 연간에 투출이 되어 서 식신격이고 식신 상관이 왕하다. 사주 내에서 식신 상관

이 많으면 남을 멸시하게 되고 자기를 추대함을 좋아하고 천하의 사람이 모두 자기만 못한 줄 안다.

월지 식신은 부모궁이 되어서 모친이 식성이 왕성하여 체격이 비대하고 부전자전(父傳子傳)이라 자식도 비대하다. 그러나 사주 내에서 시지에 戊土의 인수가 있어서 일간을 생하고 식신 상관을 견제를 할 수가 있어서 분별력이 있다.

이 사주는 후천 운인 대운이나 세운에서 木 운이 들면 亥水 지장간에 甲木의 뿌리가 있어서 힘이 있으므로 왕한 水氣를 제거하므로 운이 풀리게 된다. 그러나 사주는 근본으로 오행의 구성조건이 중요하다. 후천 운이란 왔다가 다시 다른 운으로 바뀌게 되므로 영구적이지 못하다. 그래서 권세는 10년이 가지 못한다 하여 일반적으로 권불십년(權不十年)이라는 말이 있다. 정관이 약하고 상관이 왕하면 나약해서 큰일을 못하고 살이 왕하고 억제가 약하면 성정이 흉포하다.

월지 · 정재 – 모친이 단명을 한다.

편인격 사주 예

시주	일주	월주	년주	구분
庚戌	壬午	癸酉	甲午	사주
金土	水火	水金	木火	오행

　이 사주는 壬午 일주가 癸酉 월주에 태어나서 득령을 했고 시간에 庚金을 만나서 신왕하고 일지에는 재를 깔고 앉아서 처덕이 있다. 재는 여자와 재물을 뜻하게 되므로 일지에 재를 깔고 앉아서 처덕이 있다.

　월지가 어머니 자리로써 월지의 酉金이 壬水를 낳았다. 그런데 월지 酉金은 일간에게 금생수(金生水)로써 젖을 먹이므로 에너지를 소모하고 있어서 보약을 먹어야 할 텐데 그 어디에서도 생조해 주는 土가 없다.

　설상가상으로 월간에 癸水가 설기를 하고 있고 년지와 일지에서 午火가 관이 있어서 화극금(火剋金)으로 월지 酉金을 극하게 됨으로써 酉金이 오랫동안 버티지를 못하여 모(母)가 단명하게 된다.

　이것은 모든 오행이 모두 마찬가지로써 신을 생조해 주

는 오행이 있으면 길하고 설기를 해 주는 오행이 많으면 이 것은 흉하다.

그래서 이러한 사주는 본인이 태어나고 얼마 후에 어머 니가 생사이별했다고 보는 것이다. 그 시기와 나이는 대운 에서 정확하게 계산을 해 보면 알 수가 있다. 그리고 사주 가 편인격이 되어 있으니 정모(正母)와는 인연이 없고 편인 인 편모와의 인연이 더욱 많다고 보면 된다.

사주의 구성에 조건은 선천적인 운에서 이미 결정되는 것이다. 본인에 선천 운이란 부모와 많은 관련이 있어서 부 모의 삶을 가늠할 수가 있고 부모 또한 선천적인 운이 있음 으로써 조상을 알 수가 있어서 사주는 인체와 마찬가지로 유전성이 많다는 것이다.

월간 · 정재 – 부친 사망이다.

월간 · 정재 사주 예

시주	일주	월주	년주	구분
庚 午	己 巳	壬 子	戊 戌	사 주
	戊庚丙			장간

이 사주는 己巳 일주가 壬子 월주에 태어나서 득령을 하지 못했으나, 시지에 午火에 인수가 있어서 신왕하다. 己일간이 월주에 壬子에 재성을 만나서 재를 극하는데 년주의 戊戌이 일간의 겁재가 됨으로써 이 겁재가 월주를 극하면 월간 壬水가 고갈이 되므로 부친이 사망한다.

그리고 지지 巳午는 화국의 반합이요 戊土 또한 火의 고(庫)로서 水와 정반대 세력이 되므로 水가 고갈이 된다. 水가 고갈이 된다 함은 土의 기운이 상대적으로 왕하다고 보는 것이다.

사주 내에 土를 제지할 수 있는 관이 없으므로 사주가 땅이 넓은 줄 알아도 하늘 높은 줄을 모르게 되는 사주로 크게 성공을 하지 못한다. 재성이 월주에 있어서 부모로부터 물려받은 기본재산은 있는 사주다.

월지 · 편재 – 부친이 2명이다.

월지 · 편재 사주 예

시주	일주	월주	년주	구분
癸	癸	辛	乙	사주
丑	酉	巳	巳	
		戊庚丙	戊庚丙	장간

이 사주는 여자 사주로서 癸酉 일주에 태어나서 월지 정재를 만났고 일지에 편인과 월간에 편인을 만나서 신강하다. 월지·정재와 년지·정재가 나란히 있는데, 일간과 시간에 癸水도 나란히 있어서 아버지가 2명이 된다. 아버지가 2명이란 말은 어머니가 결혼을 2번 했다는 뜻이다.

여자 사주가 癸水로써 여자 사주에서 정재는 아버지인데 월지 년지에 쌍립으로 서 있다 함은 아버지가 2명이라는 것이고 癸水가 시간 일간에 나란히 둘이라는 것은 씨가 다른 여자 형제가 또 있다는 것이다.

그것은 시간에 있는 癸水 역시 월지·년지에 있는 巳火가 정재가 되기 때문이다. 그래서 시간에 癸水도 아버지가 둘이라는 것인데, 그렇게 되면 어머니는 일간에 癸水와 같은 어머니라는 것이고 아버지는 다르다는 것이다.

그렇다면 이것은 정확하게 아버지가 2명이므로 어머니가 재가를 했다는 것인데, 전남편에게 딸이 1명이 있고 재가한 남편에게 딸이 1명 있다. 그리고 월간에 辛金이 편인으로 투출이 되어 있고 정인은 巳火 중에 암장되어 있어서 癸水의 어머니가 된다.

월간·칠살 합 – 부친 사망이다.

시간·식신격 사주 예

시주	일주	월주	년주	구분
戊	丙	壬	丁	사
子	戌	寅	亥	주
		戊丙甲		장간

이 사주는 丙戌 일주에 월간 壬水가 되어서 칠살이고 월지 寅木이 丙火의 장생이다. 사주 내에서 칠살이 장생지에 있으면 남편이 부귀(富貴)하다.

월지에 寅木이 丙火의 장생이란 寅木의 지장간에 丙火와 甲木이 있어서 丙火를 생조해 줌으로써 丙火가 왕하게 된다.

이 사주는 일지 戌土 또한 월지 寅木과 寅戌의 화국(火局)의 반합이 되어서 일간을 돕고 있으나, 월간에 壬水는 丙火의 편관으로 丁壬合木으로 변신하는 관계로 부친이 사망한다.

壬水는 월지에 寅木과도 부적절하다. 이것은 寅木의 지장간에는 丙火가 있어서 丙壬이 충이 되어서 수생목(水生木)에 인수가 되기는 부적절하여 木으로 변신하게 된다.

식신이 많고 편인이 중첩하면 부모가 몰락하고, 식신이 하나만 있어서 왕하면 자식이 현달하고, 관살이 혼잡하고 재가 많으면 남자가 많고, 관이 사주에 모두 있으면 재가 (再嫁)한다.

가상관 - 모친이 멸망한다.

시상·상관 사주 예

시주	일주	월주	년주	구분
丁 卯	甲 戌	甲 子	戊 子	사 주
火 木	木 土	木 水	土 水	오 행

이 사주는 甲戌 일주가 甲子 월주에 태어나서 신왕한데, 년지·월지 子水가 甲木을 더욱 태왕하게 만들고 있다. 시간에 丁火가 상관으로 왕한 木氣를 설기하는 것이 쉽지 않다.

그래서 이 사주는 가상관격이 되었는데, 甲木 일간에 丁火가 상관으로 가상관이 됨으로써 木은 강하고 火는 허약하나, 火 운을 만나게 되어 火氣가 강해지만 모체의 木의 정기를 설기하게 된다. 반면 木 일간에 인수인 水가 들어오면 火가 사멸하므로 가상관은 인수 운에 흉하다.

　木 일간에 火 상관이 진상관이 되어서 모체의 木이 약하고 火가 강하면 모친의 木의 인수인 水 운을 만나야 모체를 생하는데, 반대로 강한 火 상관 운을 또 만나면 火에 火가 가중이 되어서 木이 소실되므로 매우 흉하다.

　사주가 가상관이 된다면 이처럼 후천 운에서도 까다롭다. 일간을 적당히 설기하면서 사주의 운을 평정할 수 있는 운을 맞기란 대단히 어려운 것이다.

가혼(假混) 칠살격 – 부모와 인연이 멀다.

가혼 칠살격의 사주 예

시주	일주	월주	년주	구분
癸酉	甲寅	庚申	辛亥	사주
水金	木木	金金	金水	오행

　진혼(眞混)이라 함은 甲 일간에 庚辛金이 천간에 투출이 되고 지지에 申酉金이 있는 것이다. 가혼(假混)이라 함은

천간에 정관이나 지지에 칠살, 천간에 칠살이나 지지에 정
관, 합살(合殺) 또는 합관(合官), 충관(沖官) 또는 충살(沖
殺)이 되는 것이다.

천간에 관살이 모두 투출이 되고 지지에도 관살이 정복
한 것이 진혼이요 천간에 관과 지지에 살이나 천간에 살이
지지에 관으로 관살 중에 하나만 천간에 투출되고 지지에
합살 혹은 합관이나 또는 충관이나 충살이 된 것이 가혼이
다. 이 사주는 천간에서 부모와 甲庚 충, 그리고 지지에서
는 寅申 충이 되어서 부모와의 인연을 기대할 수 없고 부모
덕이 희박하여 어린 시절부터 객지에서 성장하게 되는 사
주이다.

시상·편재 - 조부가 다처(多妻)이다.

시상·편재 사주 예

사주	일주	월주	년주	구분
甲申	庚寅	戊辰	丁未	사주
		乙癸戊		장간

이 사주는 庚寅 일주가 戊辰 월주에 태어나서 득령을 하

였고 년지에 未土와 월간에 戊土에 인수가 있어서 신왕한
데 시간에 甲木이 편재이고 일지에 寅木도 편재이다.

이 사주는 월지 辰土의 지장간에 乙癸戊가 있어서 그 戊
土가 월간에 투출이 되었으므로 편인격이다. 편인격이라
함은 편인이 사주 내에서 정식으로 뿌리를 내리고 주도권
을 잡았다는 뜻인데, 그렇다면 이 사주는 부(父) 내지는 조
부가 다처(多妻)를 두어서 그 자손 중에 한 사람이 바로 庚
金이 되고 그렇게 되면 편모가 있다는 것인데, 그 편모는
戊土가 되어서 甲木은 戊土의 편관이자 庚金에 편재가 되
어서 정부성에서 본다면 정식으로 재산을 상속하는 것이
아니라 다만 상속권자로서 권리가 있을 뿐이다.

시상 · 상관격 – 모친이 간사하다.

시상 · 상관격 사주 예

시주	일주	월주	년주	구분
甲	癸	庚	乙	사
子	酉	寅	丑	주
		戊丙甲		장간

이 사주는 癸酉 일주가 庚寅 월주에 태어나서 득령을 하

지 못했으나, 월간에 庚金이 정인이 되었고 일지에 酉金의 편인을 만남으로써 신강하다.

월지 寅木의 지장간 중에는 戊丙甲이 암장되어 있어서 戊土는 癸水를 합으로써 끌어들이려는 습성이 있고, 丙火는 庚金을 위협하여 세력을 확장하려는 것인데, 庚金은 乙木과 乙庚合金이 되므로 육체가 단단하다. 그래서 월지에 寅木이 의지할 곳이 없게 되었다.

편재가 공망이 되고 인수가 왕하면 유년기에 부친을 잃게 되고, 癸 일간에 庚金이 정인이 됨으로써 乙庚이 합이 되므로 모친이 간사하다. 그리고 상관이 많고 인수가 파괴가 되었다면 모친이 음탕하다.

시상 · 상관격 — 편모이다.

시상 · 상관격 사주 예

시주	일주	월주	년주	구분
癸未	庚申	戊辰	壬戌	사주
		乙癸戊	辛丁戊	장간

이 사주는 庚申 일주가 戊辰 월주에 태어나서 월지 辰土의 지장간에 癸水가 시간에 투출이 되어서 상관격이다. 상

관이 강하면 자식운을 붙들 수 없게 되는데, 대운에서 상관이 또 들어오면 재앙이 많아서 단명하고 신왕에 상관이 많으면 종교가, 예술가, 성악가 등이 되고 상관이 인수 운을 만나면 길하다.

상관이 정관을 만나면 재앙이 크니 이 때에는 인수가 들어서 정관을 설기하고 신을 도와주면 길하고 사주가 신왕에 상관격이 되어서 재를 만나면 벼슬운이 있다.

신약 사주가 상관격이 되어서 인수를 만나면 신왕운에 비로소 발복하고 상관격이 신약해서 편관을 만나면 평지풍파가 일어나서 불행하다.

이 사주의 구성을 살펴보면 부친이 편처를 두었는데 년지 戌土에 지장간에는 辛丁戊가 암장되어 있고 辰土 지장간에는 乙癸戊가 암장되어 있는데, 편인인 戊土가 월간에 투출이 되었고 월지에 뿌리를 박고 있어서 정모와 조년(早年)에 생사이별하고 편모와 살게 되는 사주다.

상관 · 양인 – 부모 사망이다.

월상 · 정인격 사주 예

시주	일주	월주	년주	구분
癸 未	庚 戌	己 丑	乙 巳	사 주
水 土	金 土	土 土	木 火	오 행

이 사주는 庚戌 일주에 시간 癸水가 상관이고 癸水와 월지 丑土가 양인이다. 상관이 양인에 있으면 상관 · 양인살이 되어서 극악한 신으로 본다.

상관은 무도한 신으로서 무도를 자행하게 되어 길신에게 버림을 받아서 인격자가 되지 못하여 하등인물이 된다.

상관이 사(死)에 있으면 용기가 감축해서 과단성이 없게 되고 자신의 힘은 없고 남의 잘되는 것을 시기해서 질투심이 발생하고 관살이 자식이 되나, 한편으로 부모도 되어서 관(官)을 극하므로 부모가 사망한다.

그리고 이 사주는 월주 · 정인격이 되어서 월간 己土는 일간 庚金에게 토생금(土生金)으로 설기를 하였고, 월지 丑土는 지지가 巳丑의 금국(金局)으로 氣를 소멸하게 됨으로써 부모는 견딜 수가 없으므로 사별하게 된다.

편재 - 조부(祖父)의 가업을 물려받는다.

편재 사주 예

구분	년주	월주	일주	시주
사주	庚戌	甲申	丙寅	癸巳
오행	金土	木金	火木	水火

이 사주는 丙寅 일주가 일지 寅木을 만나서 득지하였고
월간 甲木이 편인이 되어서 신왕하다. 월지와 년간이 편재
가 되므로 신왕재왕(身旺財旺) 사주다. 신왕 사주에 년상의
편재는 가산이 자기의 소유가 되어서 조업을 상속받게 되
나 더디다 하였다. 그것은 월주를 거쳐서 본인에게까지 물
려받기에는 상당한 시간이 필요하다는 뜻이다.

그리고 월간 甲木이 편인인데, 편인이 가로 막아서 방해
를 하고 있고 甲木은 庚金에 충을 받고 월지 申金에 극을
받고 있으며, 일간에게 甲木의 생은 오래가지 못하게 된다.
또한 甲木이 월지 申金에 있으므로 제대로 뿌리를 박을 수
가 없어서 공중에 떠 있는 형태가 되어 이렇게 되면 부친이
일찍 사망하게 되어서 조부의 가업과 유산을 본인이 물려

받게 되는 경우이다.

편재격 – 편모에 아들이 없다.

편재격 사주 예

시주	일주	월주	년주	구분
戊 辰	己 丑	甲 子	癸 丑	사 주
土 土	土 土	木 水	水 土	오 행

이 사주는 己丑 일주가 甲子 월주에 태어나서 월령을 하지 못해도 일지에 득지를 했고 시주가 戊辰으로 득세하여 사주가 왕하다.

본인은 己土가 되어서 여자인데 남자 형제가 없다. 그것은 월지 子水가 어머니인데, 어머니가 낳은 자식이라면 木이 있어야 하는데 월간에 甲木이 있기는 하지만 甲木은 월간에 자리를 하고 있어서 남편의 자리가 된다.

그리고 甲木이 일간에 己土와 甲己合土로 변하였다. 그래서 木에 기운은 소멸되었다. 그래서 子水가 낳은 아들이 없다는 것이다. 그런데 사실은 딸도 낳지 못했다.

여자는 내가 낳은 것이 자식인데 상관이 딸이 된다. 그런데 상관도 없다. 그렇다면 딸도 낳을 수가 없다. 시지에 辰土 중에 乙木이 식신인데 子辰의 수국(水局)의 반합이 되어서 수장되고 말았다.

년간에 癸水와 시간에 戊土가 있어서 戊癸合火가 되어서 火는 土를 낳을 수가 있어서 편모가 외부에서 본인을 데리고 와서 키웠다는 것을 알 수 있다.

편재격 – 부친이 단명하는 사주

편재격 사주 예

시주	일주	월주	년주	구분
癸	己	壬	丙	사
酉	卯	辰	午	주
水	土	水	火	오
金	木	土	火	행

이 사주는 己卯 일주가 壬辰 월주에 태어나서 득령을 하였고 년주가 丙午의 양화(陽火)가 되어서 신을 도와주게 됨으로써 크게 신약한 사주가 아니다. 월간에 壬水가 아버지의 자리인데 주변 환경이 사나워서 선천 운에서 단명을 하

게 된다. 부친이 일찍 사망하게 되어서 부친과의 인연이 희박하다.

그것은 壬水가 년간에 丙火와 충이 되고 월지 辰土를 토극수(土剋水)를 하게 되고 己土가 토극수(土剋水)를 하고 있는데, 일지에 卯木에게는 수생목(水生木)을 해야 하니 壬水가 양수(陽水)이기는 하지만 너무나 氣가 많이 소멸이 되어서 일찍 사망하게 된다.

그런데 사주의 구성은 선천 운에서 이미 결정이 되는데, 가령 후천 운에서 좋은 운이 들어오더라도 크게 도움이 되지 못한다.

그것은 후천 운인 대운에서 월간을 돕는 운이 들어온다 하더라도 대운이란 10년 단위로 바뀌게 되고 다음 운에서 계속 좋은 운이 들어올 수 없다.

그래서 선천적인 운이 나쁘게 되면 후천 운에서 완전히 좋게 바꾸어지기가 어려운 것이다.

편재격 〔신약〕 – 부모 운이 좋지 않다.

편재격 사주 예

시주	일주	월주	년주	구분
壬	戊	乙	己	사
子	午	亥	亥	주
		戊甲壬		장간

이 사주는 戊午 일주에 시주가 壬子로서 간지동이다. 일
지와 시지가 子·午 충이요 년지와 월지에 亥水가 각립하
여 시지에 子水를 만나면 수국(水局)에 방합이나 다름이 없
다. 이 사주는 년지와 월지에 편재가 중중하므로 부모 운이
좋지 못하고 亥水의 지장간에 암장되어 있는 甲木이 편관
으로 자리를 잡고 있어서 모친이 재가를 하였으며 지장간
戊土는 비견으로서 이복형제가 있게 되었다.

신이 약한데다가 암장된 편관이 있어서 관재구설수가 따
르게 되는데, 대운이 수국으로 들어와서 午火 일지를 극하
게 되므로 죄를 짓고서 형무소에 가는 사주다.

그러나 말년에 巳午未로 대운이 흘러줌으로써 40세 이후
부터는 운이 풀리는 사주다.

편재 · 비겁 — 부친 사망 후 패가한다.

편재 · 비겁 사주 예

시주	일주	월주	년주	구분
丁 酉	丙 申	戊 午	甲 申	사 주
火 金	火 金	土 火	木 金	오 행

　이 사주는 丙申 일주가 戊午 월주에 태어나서 득령을 하였고 시간에 丁火가 비겁이요, 년간에 甲木이 인수가 되어서 신왕하다. 편재가 비견에 있으면 년간에 편재는 부친이요 겁재가 부친을 극해서 부친이 사망하고 비겁이 재를 탈취함으로서 부친이 사망한 뒤 패가한다. 그래서 비견과 겁재는 약이 되기도 하지만 때에 따라서는 독이 된다. 그리고 년주가 甲申으로서 甲이 申의 재성으로서 申이 부친이고 甲은 모친이 되어서 모친이 부친 위(天干)에 있다 함은 이치에 맞지 않아서 부친이 조사(早死)하게 되는 경우이다. 그러나 편재는 부친이요, 정인은 모친으로서 사주 내에서 재와 인수가 각립해서 왕하면 부모가 건강하다.

편재편관(偏財偏官) – 부친이 조사한다.

편재편관 사주 예

시주	일주	월주	년주	구분
己	丙	庚	丙	사
丑	午	子	辰	주
土	火	金	火	오
土	火	水	土	행

이 사주는 丙午 일주가 庚子 월주에 태어나서 월지에 관을 만나서 월간에 편재를 설기하게 되었다. 사주 내에서 편관이 편재를 설기해서 부친이 허약하므로 부친과 인연이 없고 편재와 편관이 모두 주색을 좋아하여 여자로 인해서 재산을 탕진한다.

子水의 지장간에 있는 水를 음수(陰水)로 취급되기도 하나, 외형적으로는 子水는 양수(陽水)에 취급하기도 하므로 참고가 있어야 할 것이다.

월간에 庚金이 부친인데 지지에 子水가 설기를 하고 그것도 부족하여 子辰의 수국의 반합이 되어서 水의 힘이 막강하므로 년간 일간에서 丙火가 칠살이 되어서 부친이 조사하게 된다.

편인·정인격 — 정모와 편모이다.

편인·정인격 사주 예

시주	일주	월주	년주	구분
己	辛	戊	壬	사
亥	丑	戌	寅	주
	癸辛己	辛丁戊	戊丙甲	장간

이 사주는 辛丑 일주가 戊戌 월주에 태어나서 월령을 했고 일지 丑土에도 득지를 함으로써 신강한 사주다. 월지 戌土의 지장간에 戊土가 암장되어 있어서 월간에 투출이 되어 정인격이다.

년지 寅木에 지장간에도 戊土가 암장되어 있어서 모(母)가 신강하여 가문을 이끌게 된 집안이다. 그런데 일지 丑土의 중에도 己土가 암장되어 있는데 시간에 투출이 되어서 편인격도 된다.

그렇다면 이 사주의 주인공은 정인이 정모인데 편인은 편모로써 계모가 있는 것으로 이 사주의 주인공은 어머니가 두 명이라는 것을 알 수 있다.

사주가 이렇게 되면 정인인 정모가 조사하고 편모가 들어왔느냐, 아니면 정모가 살아 있는데 편모가 들어왔느냐 하

는 것이다. 이 사실은 쉽게 알 수가 있다. 월간에 戊土가 정
인으로 친모는 멀쩡하게 살아 있는데 편모가 들어왔다 함은
아버지가 편모를 데리고 들어왔다는 것을 알 수가 있다.

편인격 – 부친이 장수하지 못한다.

편인격 사주 예

시주	일주	월주	년주	구분
辛亥	壬子	庚申	癸未	사주
金水	水水	金金	水土	오행

이 사주는 壬子 일주가 庚申 월주에 태어나서 신왕하다.
일지에도 子水를 만나서 사주가 金·水로 흘러서 水旺하고
일주가 壬子에 간여지동이 되어서 음양의 조화가 맞지 않
는다.

천간은 양이고 남자를 뜻하게 되고 지지는 음이고 여자
를 말함인데, 음과 양이 동일한 오행이어서 음양의 조화가
맞지가 않는다. 그래서 이 사주는 선천적인 운이 음양의 조
화가 맞지 않게 태어남으로써 부부 운이 좋지 못하다. 선천

적이라는 것은 조상代부터 내려오는 유전적인 것이다. 이 사주에서도 알 수 있듯이 월주가 庚申이어서 천간과 지지가 음양의 조화가 맞지 않는다.

그렇다면 월주는 부모 궁으로 부모는 자식과 직접으로 관계가 있는데, 부모 궁 庚申이 庚金이 년간과 일간에 水가 있어서 설기를 당하게 되고, 월지에는 申金은 申子로 수국(水局)의 방합이 되어 水로 변신을 하고 있다. 거기에 시지 亥水까지 있어서 지지 전체가 水로 변신을 하고 있다. 그래서 부친이 장수하지 못하는 요인이 되고 있다.

월지의 어머니 자리도 申金의 수국으로 변신을 하게 되어서 자신의 신의를 저버리게 됨으로써 장수하지 못하는 요인이 된다.

살왕겁왕(殺旺劫旺) – 부친이 객사한다.

겁재격 사주 예

시주	일주	월주	년주	구분
戊	戊	己	乙	사
午	寅	巳	丑	주
	戊丙甲	戊庚丙	癸辛己	장간

戊寅 일주가 己巳 월주에 태어나서 득령을 하였고 월간

에 己土가 비겁이 됨으로써 일간이 왕하다. 사주 내에 살이 강하고 비겁이 많으면 부친이 객사한다.

살(殺)은 자식도 되지만 부친도 되어서 비겁이 많으면 부친의 氣를 대설해서 부친이 사망하고 부친이 자식을 쫓아서 헤매다가 자식의 집에 거하지 못하고 객사하게 된다. 사주 내에서 戊土가 월지와 일지에 지장간에 뿌리를 하고 있어서 土氣가 왕성하다. 戊土의 정재는 癸水인데 정재는 연지 丑土에 지장간에 암장되어 있어서 부친이 객사하여 타지에 묻혀 있음을 뜻한다. 뿐만 아니라 이 사주는 戊土 일간에 戊土에 비견이 시간에 투출이 되어 있는데, 그 뿌리가 일지 월지에 박혀 있어서 부인이 단명을 하게 된다. 그것은 남자인 戊土가 癸水를 극합을 하기 때문이다.

甲己合土 − 편부와 살고 있다.

편인격 사주 예

시주	일주	월주	년주	구분
丁卯	己卯	辛未	甲辰	사주
		丁乙己	乙癸戊	장간

이 사주는 己卯 일주가 辛未 월주에 태어나서 득령을 했

으나 일지에 관을 깔고 앉은 격이다. 그것은 년간에 甲木이 일간 己土와 甲己合土로 합이 되어서 일간을 도와주었기 때문이다. 그래서 이 사주는 신강하고 일지에 관을 깔고 앉은 격으로 이것은 정관이 도와서 편관을 누르고 있게 되므로 관운이 있으므로 관직생활을 하게 된다.

이 사주는 여자 사주로서 본 남편이 甲木인데 合土가 되어서 일지 시지에 卯木의 편관이 강하여 편부와 살고 있다. 그리고 월지 未土 지장간에 乙木이 암장되어 있고 일지와 시지에 卯木이 모두 편관이 되어서 여자 사주에서 편관이 많으면 정부 외에 타 남자를 많이 만나게 된다.

丑未 충 – 부친이 단명한다.

식신격 사주 예

시주	일주	월주	년주	구분
戊	辛	癸	壬	사
戌	未	丑	午	주
	丁乙己	癸辛己	丙己丁	장간

이 사주는 남자 사주로서 辛未 일주가 癸丑 월주에 태어나서 월지에 득령과 득지를 했다. 일간이 월지·일지를 얻

었으니 신강한 사주이다.

월지 丑土에 癸水가 암장되어 있고 월간에 투출이 되었으니 식신격이 되었는데 사주 내에서 정인과 편인이 많아서 신강한데 년간·월간에 식신이나 상관이 있다함은 길한 것이다.

그런데 식신인 癸水의 자리가 부친이 되어서 부친이 단명을 하게 된다. 그것은 년지와 월지 그리고 일지의 지장간에는 己土가 전부 암장되어 있어서 식신과 상관을 극하고 있고 시주가 戊戌에 큰 土가 되었고 일지와 월지가 丑未 충이 되어서 丑土에 내장된 癸水가 깨어지게 되니, 월간에 癸水가 뿌리가 뽑히게 됨으로써 더 이상 견뎌내지를 못하게 되므로 부친이 단명한 사주다.

부친(父親)의 자식 수 - 5명이다.

년간 상관격 사주 예

시주	일주	월주	년주	구분
甲午	丙子	庚午	己亥	사주
丙己丁		丙己丁		장간

이 사주는 丙子 일주가 庚午 월주에 태어나서 월지 午火를

만나서 신왕하다. 특히 시주가 甲午가 되어서 도움이 되는데 午火는 丙火의 겁재가 되어서 좋지 못하다. 겁재란 신왕하면 비겁으로 변하게 되어서 도움보다 해를 끼치게 된다.

일간의 부친은 월간이 되는데 부친의 자식수를 알 수 있는 방법은 간단하다. 자식을 보는 데에는 관이 자식이라 하였다. 그렇다면 庚金에 관은 丙火와 午火가 둘씩이나 된다. 남자는 식신이 아들이고 상관은 딸이 된다. 丙火가 식신이 되어서 아들이라면 일간에 丙火가 있고 지지 午火의 지장간에 丙火가 2개나 암장되어 있어서 아들은 3명이요 午火는 딸이 된다.

딸이 2명이요 아들이 3명이다. 그런데 아버지의 자식은 丙火가 되는데 丙火의 형제 숫자가 맞아야 한다. 그런데 丙火의 겁재는 午火가 된다. 특히 주의해야 할 점은 비견 겁재가 형제라 하여 지지에 있는 형제를 참작해야 한다.

천간에 겁재가 있으면 이것은 바로 형제가 되는 것이다. 그런데 여자는 땅이요 음이라는 사실을 인식한다면 午火는 딸이 되어서 丙火에게는 여자형제가 되어 월지에 있는 午火는 누님이 되고 시지에 午火는 여동생이 되어서 여자형제가 2명이요 남자는 본인 午火의 지장간에 丙火가 2개가 암장되어 있어서 모두 3명이다.

모친(母親)의 자식 수 – 남매이다.

월지 · 정재 사주 예

시주	일주	월주	년주	장간
癸 卯	壬 辰	庚 午	甲 寅	사 주
水 木	水 土	金 火	木 木	오 행

이 사주는 壬辰 일주가 午월에 태어나서 득령하지 못했고 일지에도 辰土가 水에 창고이기는 하나 寅卯辰으로 방합이 되어서 득지하지 못했다.

그러나 월간에 庚金이 편인이 되었고 시간에 癸水의 비겁이 있어서 약간 도움이 되고 있고 어머니가 지식을 몇 명을 낳았느냐 하는 것은 월지 午火가 있는 자리가 어머니이다.

그렇다면 어머니가 낳은 자식은 寅木 중에서도 戊土와 일지 辰土를 낳았다. 그런데 사주의 주인공이 여자이므로 일지가 여자가 되어서 년지 寅木이 양목(陽木)이 되므로 그 중에 있는 戊土가 아들이 되어 아들 1명과 딸 1명이 있다.

그리고 정확하게는 본인의 형제가 몇 명이냐에 따라서

아들이 몇 명인지 정확하게 알 수가 있다.

본인은 壬水인데 여자이니까 비겁인 癸水가 남자동생이 된다. 그것은 비겁이 시간에 있고 또 壬水는 양수(陽水)로 누나가 되고 癸水는 음수(陰水)로 동생이어서 남자 1명과 여자 동생이 1명 있어서 남매가 되는 것이다.

모친(母親)의 자식 수 - 1명이다.

월지·정관 사주 예

시주	일주	월주	년주	구분
己 丑	丙 子	甲 子	戊 戌	사 주
			辛丁戊	장간

이 사주는 丙子 일주가 甲子 월주에 태어났고 일지에 子水를 만나서 신약한 듯하나, 월간에 甲木의 편인을 만나서 크게 신약하지 않다.

월지가 어머니 자리가 되어서 어머니의 자식의 수는 정확하게 알 수 있다. 子水가 월지에 있어서 子水가 낳은 자식은 甲木이 되어 자식이 하나밖에 없는 외동아들이다.

사주 내에서 관이 왕하여 어머니가 재가해서 왔다. 그리

고 어머니가 자식이 1명밖에 없다는 것은 본인의 형제가
몇 명이냐에 따라서 알 수가 있다. 丙火 본인은 딸로서 이
사주의 주인공이므로 겁재가 남자형제인데, 년지 戌土의 지
장간에 丁火가 남자형제가 된다.

사주를 보고서 형제가 몇 명이냐는 것을 알 수 있는 것은
일간의 중심으로 보면 되고 두 번째는 월지·오행이 낳은
것이 자식이 되므로 이것은 바로 일간의 형제가 되는 것이다.

그런데 본인이 동생이고 丁火가 오빠가 1명이 있으니 어
머니의 아들이 된다. 그것은 戌土는 년지가 되어서 년지의
순서가 일간보다 빨라서 본인에게는 오빠가 된다.

모친(母親)의 자식 수 – 4남매이다.

월지·정관 사주 예

시주	일주	월주	년주	구분
己	丙	甲	戊	사
丑	子	子	戌	주
土	火	木	土	오
土	水	水	土	행

이 사주는 丙子 일주가 甲子 월주에 태어나서 실령을 하

였고 일지에도 정관을 만났으나 그러나 월간에 甲木이 있어서 크게 신약하지 않다.

　이 사주는 인수에 비교해서 관왕하고 식신·상관이 너무 많다. 여자 사주에서는 식신이 아들이고 상관이 딸이 된다. 그렇다면 년주가 식신이어서 아들이 2명이요 시지에 상관이 둘이니 딸도 2명이 있다. 합해서 4남매를 두었다.

　그런데 한 가지 참고해야 할 점은 식신·상관의 숫자만 가지고서 자식의 수를 알아내기란 힘들다. 그래서 첫째는 사주가 신약하냐, 신강하냐에 따라서 달라지는 것이다.

　이 사주는 丙火는 양화(陽火)이고 인수가 甲木이므로 크게 신약하지 않고 또 火는 2-7火가 되어서 자식이 2명이 있다는 것이 확실하다. 본인의 자식 숫자를 알 수 있는 방법은 간단하다. 여자 사주에서는 내가 낳은 오행이 자식이기 때문이다.

모친(母親)의 자식 수 – 3명이다.

월간 · 정관 사주 예

시주	일주	월주	년주	구분
戊	丙	癸	甲	사
戌	子	酉	午	주
	壬 癸			장간

이 사주는 丙子 일주가 癸酉 월주에 태어나서 득령을 하지 못했고 일지에 정관을 만났고 월간에도 정관을 만났다. 그런데 본인에 사주가 신약하게 되면 부모 운에서도 신약한 것이 대부분이다. 사주는 선천 운을 타고 나기 때문에 대부분 유전적이다. 그것은 모든 사물은 마찬가지로써 가령 수박의 씨앗을 심으면 수박이 나오게 되고 호박을 심으면 분명히 호박이 달리게 되는 것이 인지상정이다.

그래서 사주의 구성조건은 대부분 유전적인 것이라는 것을 인식해야 한다. 그런데 이 사주는 어머니 자리가 바로 월지를 말함인데, 월지 酉金은 자식을 몇 명이나 두었을까 하는 것이다. 그런데 그 숫자를 알 수 있는 방법은 여자는 내가 낳는 오행이 자식이라 했다.

그렇다면 酉金이 낳은 자식이란 水가 자식으로 水의 숫

자를 헤아리는 방법을 월간에 癸水가 1명이요 일지에 子水
는 2명이 있다고 보는데, 그 이유는 子水가 1명으로 보고
子水의 지장간에 壬癸가 암장되어 있어서 癸水는 월간에서
계산이 되었으니 모두 水 오행이 합하게 되면 3명인데 1명
은 사망을 했다고 보는 것이다.

　그렇다면 4명의 자식을 낳았다는 확신을 어떻게 할까! 酉
는 金인데 金은 숫자가 4가 된다. 그래서 酉金이 낳은 아들
이 4명이라는 것이 확실하다.

　한 가지 참고해야 할 것은 酉金이 얼마나 신강하냐, 신약
하냐에 따라서 1명 정도는 차이가 있다. 그러나 나타나는
오행의 범위에서는 크게 오차가 없다는 것이다.

모친(母親)의 자식 수 – 6명이다.

재다 · 신약 사주 예

시주	일주	월주	년주	구분
庚	丁	辛	甲	사
子	酉	未	申	주
	庚辛	丁乙己	戊壬庚	장간

　이 사주는 丁酉 일주가 辛未 월주에 태어나서 신약하다.

그러나 년간에 甲木이 투출이 되어 있고 월지 未土의 지장간에 丁乙己가 암장되어 있어서 선천 운에서 크게 약하지는 않다.

그런데 월지 未土가 어머니 자리이고 未土 중에는 乙木이 암장되어 있어서 乙木이 丁火를 낳았다.

그런데 未土가 낳은 자식은 토생금(土生金)으로 金이 자식이 된다.

그러면 이 사주 내에서 金이 몇 개인지 세어보니 년지 申金 중에 庚金이 있어서 2개이고, 월간에 辛金이 있고 월지에 酉金의 지장간에도 庚辛金이 있다.

시간에 庚金이 있어서 사주 내에서 金이 총 6개가 있어서 자식을 6명 낳았는데, 未土는 土가 되어서 土는 5가 되어서 아들은 5명을 키우게 되었다. 나머지 1명은 중도에서 실패를 하게 되었다.

가령 未土가 5-0의 숫자가 되어도 土에 신이 왕하다면 아들이 한두 명이 더 될 수가 있다. 그러나 土에 신이 허약한데 많은 자식을 낳아서 먹이고 입혀서 가르쳐야 하기 때문에 그 기운이 설기가 되어서 천수를 하지 못하고 단명하게 된다. 단명이란 장수하지 못한다는 뜻이지 중도에 타계한다는 뜻은 아니다. 그런데 이것은 선천적인 운으로 후천운을 잘 계산하여 감정을 하게 되는 것이다.

양인 · 비겁 – 부친을 극하고 패가한다.

양인 · 비겁 사주 예

시주	일주	월주	년주	구분
甲 午	丙 辰	丁 未	辛 酉	사 주
木 火	火 土	火 土	金 金	오 행

이 사주는 丙辰 일주가 丁未 월주에 태어나서 실령을 하였으나 시주가 甲午로서 신강하다. 월간에 丁火의 비겁도 신약할 때에는 도움이 된다.

丙火 일간이 시지에 午火를 만나서 丙午 양인살이다. 사주 내에서 비겁과 양인이 많게 되면 부친을 극하고 상처하며 패가한다. 비겁과 양인이 많으면 상처하게 되는 것은 비겁과 양인이 재(財)를 극하기 때문이다.

비겁과 양인이 많으면 극대한 힘으로 처를 극해서 처가 사망하고 부친을 극하는 것은 인수가 자신과 비겁을 생함으로서 비겁과 양인이 강하면 인수를 크게 설기해서 부친의 氣가 설기되므로 부친이 사망하고 비겁이 있으므로 재산을 빼앗기게 된다.

정재가 많은 사주 – 모(母)가 사망이다.

재다 · 신약 사주 예

시주	일주	월주	년주	구분
乙	壬	辛	丁	사
巳	午	巳	未	주
		戊庚丙		장간

이 사주는 壬午 일주가 辛巳 월주에 태어나서 월간에 辛金의 정인을 만났고 월지 巳火 중에 庚金이 암장되어 있어서 신강하다. 일지에 정재를 깔았고 신강하다고 하지만 사주 내에 정재가 너무 많은 것은 좋지 않다.

정재가 많으면 사람이 어리석고 둔하고 정재가 많은데 인수가 사(死)에 있으면 어머니가 조사(早死)하게 된다. 월지 · 시지에 巳火는 편재가 되어서 정재 · 편재가 반반씩이 되어서 재가 왕한 사주에 신이 강해서 이를 모두 감당할 수 있게 되면 부귀를 누리고 재가 왕한 사주가 신약하면 재다 · 신약 사주로서 일생 재물이 곤궁하다.

재가 많은데 인수가 약해서 신약하면 학문이 있어도 가난을 면치 못하고 재가 많고 신약함으로써 처가 가정을 도맡아 지배하게 된다.

정부성(正副星) – 부친과 불화이다.

주성·부성 사주 예

시주	일주	월주	년주	구분
壬 辰	丙 子	壬 午	戊 戌	사 주
水 土	火 水	水 火	土 土	오 행

이 사주는 丙子 일주가 壬午 월주에 태어나서 득령을 하였으나, 일지와 시간에 관성이 자리하고 있어서 신약하고 관이 왕한 사주이다.

사주 내에서 정관과 편관이 왕하면 정부성(正副星)을 가져야 한다. 주성(主星)이 정관이요 부성(副星)이 편관이면 상관의 성질은 굴하지 않고 악해서 위에 있지 못함을 원망해서 근심이 되고 재가 편관을 도와서 불길하므로 처로 인해서 화(禍)가 발생한다.

주성이 편관이요 부성이 편재이면 부친과 인연이 없고 편재가 부친으로서 칠살을 만나면 부친이 흉하여 부친과 다투어서 이별을 하게 된다.

제2장 형제와 육친

연상 · 정재 - 동기간에 싸운다.

연상 · 정재 사주 예

시주	일주	월주	년주	구분
庚 子	壬 辰	己 亥	丁 巳	사 주
金 水	水 土	土 水	火 火	오 행

이 사주는 壬辰 일주가 월지 亥水에 득령을 했고 시주에 인수와 겁재가 있어서 신왕한 사주이다.

신왕하고 비견이 많으면 왕한 신을 비견이 더욱 태왕하게 만들게 되고 편재는 근본적으로 타인에 재로소 비견을 꺼려하는데, 정재가 노출하여 비견 · 겁재를 만나면 이 정재를 지키는데 반하여, 편재는 타인의 재로서 어떤 사람이든지 가져도 상관없는 격으로 형제간 내지는 동기간에 재물을 빼앗기게 된다.

그러므로 편재격에 비견·비겁이 많으면 반드시 관살이 들어와서 비겁을 추출하고 재를 붙들어야 한다. 그렇지 않으면 형제 동기간에 싸워서 재물은 물론 처까지 강탈당하게 된다.

이 사주는 년상에 丁火의 정재가 투출이 되어 있다. 년상 정재는 조년(早年)에 결혼은 했다는 것인데, 월주나 일주, 시주에까지 정재나 편재가 드러나 있지 않다 함은 본처와 살고 있다는 것으로 년상과 정재는 남편이 나이가 어리고 처는 나이가 많은 연상와 처와 살고 있음을 뜻한다.

연상 · 비견 – 형제들과 싸운다.

년상 · 비견 사주 예

시주	일주	월주	년주	구분
癸 巳	丙 寅	庚 戌	丙 申	사 주
戊庚丙	戊丙甲	辛丁戊	戊壬庚	장간

이 사주는 丙寅 일주가 장생이다. 일주가 장생에 있고 년 간에 丙火의 비견이 있어서 신왕하다.

월지 戊土는 묘(墓)에 있지만 일지·지지가 寅戌로 화국의 반합이 되므로 신왕하다. 신왕한 사주에 년간 丙火의 비견이 있으면 이것은 형제간에 재산을 가지고 싸우거나 다툼이 생기게 되므로 오히려 가난한 집에 우애 있는 형제보다 못하다.

가난한 집에 형제는 동정심이 있어서 형제간에 우애를 지키게 되는데, 재물이 많아서 형제가 많으면 재산에 시기가 있고 욕심이 붙어서 우애와 우정이 금이 가고 결국 재물도 앗아가게 된다.

이 사주는 연·월·일시에 戊土에 지장간이 각각 암장되어 있고 일간이 돌봐야 하므로 집안에 여자가 많게 된다. 사주 내에서 여자가 많다 함은 남자가 귀하여 절손될 가능성도 배재하지 못하게 된다. 사주 내에서 일주가 장생에 있으면 성품이 청고하고, 재가 장생에 있으면 의식주가 풍부하며, 건록이 관에 있으면 길하고, 건록이 인수에 있으면 학문이나 예술분야에 재능이 있다.

연상·편재 – 양자 간다.

연상·편재 사주 예

시주	일주	월주	년주	구분
戊 子	丙 寅	乙 亥	庚 寅	사 주
土 水	火 木	木 水	金 木	오 행

이 사주는 丙寅 일주에 일지가 寅木이 되어 득지를 하였고 년지 寅木의 편인과 월간 乙木의 정인이 있어서 신왕하다.

년간 庚金이 편재로서 특히 년상 편재가 되어 횡재수가 있게 된다. 불로소득이 있고 가산이 본인 소유가 되고 일주와 연주가 떨어져 있고 연주 조상 궁은 연로하여 상속이 지연된다.

이 사주는 부모가 단명하게 되는데, 乙亥의 월주는 천간과 지지가 아래위로 합과 동시에 생조를 해주어야 하기 때문에 부모 궁이 빈약한 관계다.

연의 주부성이 모두 편재이면 양자로 가는데, 편재는 부친이 되는데 주부성이 모두 편재라면 양부가 되어서 양자로 가게 된다. 월상·편재가 길하나 연상의 주성(主星)이 편재요, 부성(副星)이 비견이면 부친이 타향에서 객사한다.

월상·정관 — 형제 수가 3명이다.

월상·정관 사주 예

시주	일주	월주	년주	구분
戊 戌	丙 子	癸 酉	甲 午	사 주
辛丁戊			丙己丁	장간

이 사주는 丙子 일주가 癸酉 월주에 태어나서 월지 酉金에 재를 만났고, 월간과 일지에 정관을 만나서 신약하고 년간 甲木에 인수와 년지 午火가 겁재가 있어도 신약한 신을 회복시킬 수 없다.

그래서 가난한 집에 장남으로 태어났고 형제는 3명이다. 이를 어떻게 판단을 하느냐 하면, 이는 어느 고서에도 정답이 없는 것인데 참고를 했으면 한다.

첫째는 일간이 丙火가 되어서 양화(陽火)이므로 장남이고 년지에 午火가 형제이므로 1명이고 午火 중에는 丙己丁이 암장되어 있는데, 丙火는 본인이 투출이 되어 있으니 따질 필요가 없고, 丁火가 1명이고 시지에 戌土 중에는 丁火가 있어도 이것도 년지 午火 중에 丁火와 동일하므로 하나로 인정되어서 모두 합하면 본인까지 3명이다.

그래서 이 사람의 형제는 3형제이다. 그런데 참고해야 할 것은 3형제가 모두 무사히 자라났느냐하는 것은 별도로 사주의 구성을 가지고 후천 운으로 계산을 하게 된다.

형제가 3명이라 하는 것은 선천 운에서 알 수가 있는 것이다.

진상관 – 이복형제 있다.

상관의 설기 사주 예

시주	일주	월주	년주	구분
甲	癸	丁	乙	사
子	亥	酉	丑	주
		庚辛	癸辛己	장간

이 사주는 癸亥 일주가 丁酉 월주에 태어나서 신왕하다. 그런데 진상관에 설기가 태다(太多)해서 상관이 묘(墓) 운이 되면 상관이 쇠해서 모친의 氣를 과하게 설기하지 아니함으로 상관인 묘 운은 일주를 설기하는 바이나, 묘 중에

또 상관이 있어서 상관의 힘이 배로 가하게 되면 일주가 더욱 설기가 되므로 위험하다.

예를 들어서 木·火 상관에 火가 태왕해서 진상관이 되면 상관인 火가 亥水에서 포(胞)가 일어나서 戌에서 장(葬)이 되고 戌 중에는 丁火가 있어서 火를 도움으로써 상관이 또 상관을 얻는 격으로 위험하다. 이 사주는 월지 酉가 癸水를 낳았으니 酉金의 지장간에는 庚辛이 암장되어 있고 년지 丑土의 지장간에도 辛金이 있다.

이렇게 되면 辛金이 낳은 자식이 亥水가 되어서 亥水는 여자가 되고 庚金이 낳은 자식은 癸水가 되므로 결국 이복 여자형제가 있게 되는 사주다.

편인격 - 배다른 형제가 있다.

편인격 사주 예

시주	일주	월주	년주	구분
辛	庚	戊	丙	사
巳	午	戌	戌	주
	丙己丁	辛丁戊	辛丁戊	장간

이 사주는 庚午 일주가 戊戌 월주에 태어나서 신왕하다.

월간에 戊土의 편인이 있고 시간 辛金의 비겁이 있어서 도움이 되고 있다.

그러나 이 사주는 여자 사주가 일지에 관을 깔고 앉았고 午戌의 화국(火局)의 반합이 되었고 시지 巳와 巳午로 화국의 반국이 되어서 관이 왕하다.

그리고 신이 제법 왕하다 해도 관왕격이 되어서 관재구설수에 항상 노출되어 있고 또는 사주 내 편관과 정관이 있어서 관살혼잡이 되었다.

여자 사주가 관살혼잡이 되면 남자관계가 복잡하게 되고 남편과 해로 할 수 없다. 보다시피 편관과 정관이 복잡하게 혼잡이 되어 있다 함은 庚金에 정관은 午火인데 시지에 巳火는 편관이고 戌土 중에 丁火가 있어서 또 관이 되고 午戌합으로 화국의 반합이 되어서 관살이 혼잡하다.

그리고 배가 다른 형제가 있다 함은 월주가 戊戌土가 있는데 戌土에 지장간에는 戊土가 암장되어 있는데 午火 지장간에는 己土가 암장되어 있고 시간에 辛金이 비겁이 되어서 土가 金을 낳는 것이니, 庚金과 辛金이 다르고 戊土와 己土가 달라서 어머니가 각각 다르다는 것이다. 이 사주는 신왕하고 관왕하게 되어서 선천 운에서 유전적으로 타고 났다.

후천 운에서 대운과 세운에서 水가 들어와서 사주의 신

이 왕한 기운을 설기하고 관왕하여 관을 제압해 주어야 하는데, 설사 대운에서 水 운이 들어온다 해도 기본적으로 사주 내에서 水인 뿌리가 없어서 착근하지 못하고 크게 발복을 할 수 없다. 그래서 선천적인 운에서 사주를 잘 타고났느냐 하는 것이 중요하다.

식신 왕 – 배다르고 씨 다르다.

시주 · 상관 사주 예

시주	일주	월주	년주	구분
乙 卯	癸 亥	丁 酉	乙 丑	사 주
		庚辛	癸辛己	장간

이 사주는 癸亥 일주가 丁酉 월주에 태어나서 월지에 득령을 하였으므로 신왕한 만큼 시주가 乙卯가 되어서 식신이 왕하다. 사주는 년상에서 흘러서 아래로 순행함이 적당한데, 년지의 丑土의 관이 乙木으로 丑土의 지장간에 辛金이 암장되어 있어서 亥水를 낳았다. 丁火의 처는 酉金인데 酉金이 낳은 자식은 癸水가 되어서 이 사주의 주인공은 배가 다르고 씨도 다른 형제가 있다. 이 사주에 주인공이 남

자이므로 천간에 癸水가 되고 이복동생인 亥水는 지지가
되어서 여자가 된다. 그렇다면 본인에 어머니는 다른 남자
와 살다가 아이를 데리고 재가로 들어오게 되었다는 것을
알 수가 있다. 사주의 구성과 조건을 읽어내기란 이처럼 복
잡하고 깊은 만큼 많은 경험과 정보가 절실하다.

제3장 이성과 배우자

연지정재(年支正財) - 처가 득세한다.

연지정재 사주 예

시주	일주	월주	년주	구분
壬 辰	辛 未	丙 子	癸 巳	사 주
	丁乙己			장간

　이 사주는 辛未 일주가 丙子 월주에 태어나서 월간과 일간이 丙辛合水가 되었는데, 연지에 정재가 든 것을 연지정재라 하고 월지에 정재가 든 것을 월지정재라 하여 모두 왕상(旺相)이 되고 형충과 겁탈이 없고 일간이 왕하면 조업이 부자이고 월지가 연지의 정재를 극파하거나 사주 중에 비겁이 있거나 대운에 비겁운을 만나게 되면 가난하다.

　이 사주는 후천 운인 대운과 세운에서 木운을 만나면 재물이 불어나게 되고 火운에서 여자를 만나게 되니 일지 未

土 지장간에는 丁乙己가 암장되어 있으므로 후천 운인 대운에서 木·火 운이 오면 발복하게 된다.

일간이 辛金으로 일지 未土가 일간에 재인 木에 고(庫)가 되어서 처의 덕이 있게 되는데, 불행히도 천간에 丙辛이 서로 합하는 바람에 일지가 관으로 돌변하게 된다. 이러한 사주는 처가 처음에는 양귀비 같았는데, 막상 결혼을 하고 보니 호랑이로 둔갑하는 경우이다.

년간·정인 – 처 덕과 재물 운이 있다.

년간·정인격 사주 예

시주	일주	월주	년주	구분
戊 甲	丁 酉	辛 卯	甲 子	사주
土 木	火 金	金 木	木 水	오행

이 사주는 丁酉 일주가 辛卯 월주에 태어나서 득령하여 신왕하다. 월지 卯木의 지장간에 甲木에 뿌리가 있고 그 甲木이 년간에 투출이 되어서 정인격이 되었다.

사주가 신강재왕하여 길격이고 丁火 일간이 청렴결백하

고 강직하면서 온화한 이미지를 주게 되는데, 인수가 태왕
하여 더욱 부러울 것이 없다.

　그런데 년지 子水의 편관이 인수를 생조해 주고 인수는
신을 생조해 주게 되는데, 시간 戊土에 상관에게 화생토(火
生土)로서 상생하는 순리적인 오행의 흐름을 가졌으므로 길
하며, 신강재왕하므로 처덕과 재물 덕이 있는 사주다.

년상편재(年上偏財) − 첩을 두게 된다.

년상 편재 사주 예

시주	일주	월주	년주	구분
癸	壬	癸	丙	사
卯	午	巳	戌	주
		戊庚丙		장간

　이 사주는 壬午 일주가 癸巳 월주에 태어나서 월지 편재
를 만났고 일지에 정재를 만났다. 월지 巳火 중에는 丙火
가 암장되어 있는데, 년간에 투출이 됨으로써 편재격이 되
었다.

　월간 癸水와 시간 癸水가 겁재가 되고 일지에 정재를 깔
고 앉아서 재성이 왕한 사주로서 정재 외에 편재가 격을 이

루고 뿌리를 박았으므로 정처 외에도 편처가 있는 사주다.

신왕하고 편재가 왕하면 편관 운에 비방을 듣게 되는데, 편재가 편관을 만나면 대길하니 재는 타인의 비방을 자연히 받게 되는 것으로, 편재가 편관 운을 만나면 재가 설기되는 것이 아니라 칠살을 사용해서 더 왕성하므로 비방을 받게 된다.

편재가 왕해서 관을 생하면 부귀하고, 편재가 천간에 있으면 호색(好色)하고, 천간에 두 개 이상의 편재가 투출이 되어 있으면 장수하며 본처보다 첩을 더 좋아한다.

월간 · 정재 – 편처이다.

월간 · 정재 사주 예

시주	일주	월주	년주	구분
辛 丑	壬 寅	丁 巳	壬 子	사 주
	戊丙甲	戊庚丙		장간

이 사주는 壬寅 일주가 丁巳 월주에 태어나서 월간이 정재요, 월지는 편재가 된다. 일간 壬水와 월간 丁火는 丁壬合木이 될 가능성이 있으나, 丁巳의 월주가 간여지동이고

시간에 辛金이 있어서 合木은 되지 않는다.

정재가 노출이 되면 유동이 많아서 사치하고 나태하게 되는데, 월령이 재가 되어서 절지(絶地)에 있으면 처가 어질지 못하다.

년간에 壬水가 비견이고 년지 子水가 겁재가 되어서 비견과 겁재는 일간이 왕할 것을 요구하게 된다. 비견은 심술이 많은데 겁재가 비겁으로 변하게 됨으로써 일간에게서 가장 귀중한 것을 탈취하는 신으로 변하게 된다.

월지 巳火의 지장간에는 丙火가 암장되어 있고 일지 寅木의 지장간에도 丙火가 암장되어 있어서 편재가 장악을 했다. 일간이 왕한데 편재가 지지에 장악을 함으로써 노출이 되지는 않았으나 내심이 편재 세력이 장악을 하였으므로 월간·정재의 힘이 미약하게 되었다. 이 사주는 그래서 본처와 해로하지 못하고 결국 편처와 살게 되는 사주다.

월지 · 정재 — 처 운이 불리하다.

월지 · 정재 사주 예

시주	일주	월주	년주	구분
乙	丙	丁	壬	사
未	午	酉	子	주
戊庚丙	丙己丁	庚辛		장간

이 사주는 丙午 일주에 간여지동이고 월간에 丁火의 비겁을 만나서 신왕한데, 월지에 金이 정재로서 매우 길하다. 월지에 재가 있고 간(干)에 투출되지 아니하면 길하고, 월지에 재가 없으나 년 · 일 · 시에 지지에 있으면 길하다.

신왕 한 사주에 월지 · 정재는 대단히 좋으나, 신약한 사주에 월지 · 정재는 좋지 못하다. 이 사주는 월지 酉金이 정재이기는 하나, 酉金이 품고 있는 庚辛金이 각각 정재와 편재가 되어서 양면성이 있다.

이럴 경우에는 신약해도 좋게 보는 것이다. 그러나 이 사주는 신왕한데 월간에 丁火에 비겁이 투출이 되어서 처가 다른 남자와 만나게 됨으로써 이중생활을 하게 된다.

일지 午火의 지장간에는 丙己丁이 암장되어 있는데, 그 중 丁火에 겁재가 일지를 차지하고 앉아 있기 때문이다. 일지는 원래 처궁의 자리로서 처인 정재가 차지하지 못하고 비겁이 차지한 관계로 비겁이 처를 빼앗아가기 때문이다.

월간 · 정재 – 처가 외도한다.

월간 · 정재격 사주 예

시주	일주	월주	년주	구분
乙	甲	辛	己	사
丑	申	巳	未	주
癸辛己	戊壬庚	丁乙己		장간

이 사주는 甲申 일주가 辛巳 월주에 태어나서 신약한데 사주 내에서 정재가 있고 식신이 있으면 처의 힘이 크다. 甲木 일간에 己土가 정재로서 정처가 되는데, 己土가 丑土 내지는 未土에 있으면 土가 왕성하여 처의 심정이 강하고 굳다. 己土는 甲木의 정재요, 丑土는 관에 창고가 되어 처가 관의 창고에 있고 未土는 己土의 관대(冠帶) 운으로 성장을 의미해서 처의 왕상이 되니, 고(庫)에 들면 동심이 안되고 장대하면 굳으므로 처의 마음이 건실하다.

정재나 편재가 비견을 만나서 그 재에 도화살이 있거나 목욕에 있으면 처첩이 다정하되 정조가 없다.

그리고 정·편재가 비견을 만나면 처첩이 타인을 만난 것이요 도화와 목욕은 풍류와 음란을 주도해서 타인을 상대로 음란한 것이다. 그렇게 되면 처가 다른 남자와 사귀는 것으로서 정조가 문란하다.

그것은 일지 申金이 처궁인데 丑 중에 辛金이 있고 申 중에도 庚金이 암장되어 있어서 庚辛金이 월간에 투출이 되었고, 처가 식신을 품고 있어서 그것이 甲木에 정관이 되므로 처의 힘이 하늘을 찌르듯이 막대하여 처는 처인데 처심을 잡지 못하여 방랑하게 된다.

특히 甲木 일간에 지지가 申金이 되어서 마음을 놓고 뿌리를 내리지 못하게 되어 마음의 안정이 없으므로 제자리에 머물지 못한다.

월지 · 정재격 – 호색가(好色家)이다.

월지 · 정재격 사주 예

시주	일주	월주	년주	구분
丁卯	甲寅	己丑	丁亥	사주
	戊丙甲	癸辛己	戊甲壬	장간

이 사주는 甲寅 일주가 己丑 월주에 태어나서 월지 丑土의 지장간에 己土가 월간에 투출이 되어서 정재격이다. 사주에서 월지·정재격이 되면 위인이 단정하고 인망이 출중하여 심중에 독기가 없고 검소하나 정재가 묘(墓)에 있으면 인색하여 구두쇠 수전노다.

사주 중에 정재가 많으면 호색으로 인해서 패가망신한다. 남자 사주에서 정재가 많으면 정재는 정처인데 처가 많은 격으로 여자로 인하여 환난(患難)이 많다. 정재가 많으면 생모(生母)를 극하여 불효자가 된다. 인수가 생모인데 정재가 많으면 왕해서 인수를 극하기 때문이다. 亥水의 지장간에 戊土와 寅木의 지장간에 戊土의 편재를 극하고 월주 己丑土를 극하게 되어서 여색으로 인하여 고단하게 된다.

특히 甲寅 일주는 간여지동(干與支同)이라 하여 천간과 지지가 같아서 음양의 구분이 없고 무분별하게 되어서 색정을 가리지 않게 된다. 모든 만물은 음과 양의 조화 속에서 생존하고 번영과 화합을 하게 되는데 양(陽)만 있다 함은 타 주의 음(陰)을 귀하게 보지 않으니 음이 천하게 보임으로써 색정이 무분별하게 된다.

월상 · 정인격 – 호색가이다.

월상 · 정인격 사주 예

시주	일주	월주	년주	구분
丁 卯	甲 戌	癸 丑	壬 子	사 주
火 木	木 土	水 土	水 水	오 행

이 사주는 甲戌 일주에 년주가 壬子이다. 월간에 癸水의 인수가 있어서 木이 왕하다. 木 일간이 왕하면 신체가 장대하고 수족이 길며 성정이 인자하다. 사주의 재살(財殺)이 착잡하면 남녀 모두 신체가 왜소하고 용모가 추하고 성질이 고집불통이다. 木 일주가 왕하면 신체가 크고 호리호리하고 수족이 길며 성질이 인자하다.

그러나 木 일주는 비교적 정직하고 꿋꿋하여 선비 기질이 있고 학문을 좋아하고 끈기가 대단하고 노력형이다. 그래서 과거 대학자나 큰 스님의 사주 일간이 대부분 甲木 일간으로서 이름을 떨치는 경우가 많다. 그러나 사주 구성에 따라서 甲木 일간은 주로 호색하는 기질이 강해서 주색잡기를 좋아하는 한량의 경우가 많다. 木 일주가 상관이 많으면 성질이 급하고 간교하다.

월지 · 비겁 – 처가 변심한다.

월지 · 비겁격 사주 예

시주	일주	월주	년주	구분
辛 未	甲 辰	癸 卯	辛 亥	사 주
金 土	木 土	水 木	金 水	오 행

이 사주는 甲辰 일주가 월지에 卯木에 득령하였으니 신왕하다. 그리고 월간에 癸水의 정인까지 두었다. 그런데 그것도 모자라서 지지에서 亥卯未 목국의 삼합국을 이루었다. 이렇게 되면 사주에서 木의 천국이 되어 타 오행과의 타협이 없게 된다.

더구나 甲 일생의 사주에 삼합 목국(木局)이 있으면 처가 변심하고 그렇지 아니하면 상처한다. 甲 일주의 삼합 목국은 木이 태왕해서 재를 극하므로 처가 감당하지 못해서 변심이 되고 또는 사망한다.

그런데 일지가 辰土가 되어서 卯辰이 목국(木局)의 방합이 되어서 乙木인 타 오행과 놀아나게 되니 卯木은 甲木의 비겁이니 辰土의 재는 甲木에 편처인데 卯木에 정처는 辰

土가 되어서 처는 남의 남자와 살다가 오게 되었다. 그런데 亥卯未 목국이 삼합이 되어서 甲木을 능가하게 되니 타 남자가 처를 공공연히 만나고 있다.

월주 · 상관 – 남편이 위험하다.

丁火 상관 사주 예

시주	일주	월주	년주	구분
庚	甲	丁	癸	사
午	寅	未	丑	주
	戊丙甲	丁乙己		장간

이 사주는 甲寅 일주가 丁未 월주에 태어나서 未土의 지장간에 丁火가 월간에 투출이 되었으므로 상관격이 된다. 그런데 일지 寅木은 시지 午火와 寅午 화국으로 반합이 되었다. 甲 일간에 火상관이 지지에 寅午로 합이 되면 재산과 공명이 모두 상하고 재와 관이 왕한 운을 꺼리며 戊土 운에는 생명이 위험하다.

이것은 戊土 운이 들면 寅木 지장간에 戊土가 뿌리가 있어서 그 戊土가 왕해지므로 년간 癸水와 戊癸合火가 되고, 丁火 상관이 午火와 寅午戌 화국을 이루게 됨으로써 甲木

에 인수인 水가 고갈이 되고, 午火 상관이 寅을 매수하게 됨으로써 여자 사주 같으면 자식이 상하게 되고 남편도 예외가 될 수 없다.

그러나 남자 사주는 상관운은 앞날을 예고하는데 기존에 상관의 판국이 깨어지게 되고 화국(火局)을 이루게 되므로 사망하게 된다. 사주에서 타고난 팔자도 중요하지만 후천 운에서 들어오는 대운에서 성공과 실패가 갈라지게 되는 것이므로 후천 운을 잘 만나야 되는 것이다.

월상 · 상관격 – 공처가다.

월상 · 상관격 사주 예

시주	일주	월주	년주	구분
庚	丙	己	壬	사
寅	子	未	子	주
		丁乙己		장간

이 사주는 丙子 일주가 己未 월주에 태어나서 未土 지장간에 己土가 월간에 투출이 되어 상관격이다. 사주 내에서 丙일간에 己土 상관은 재운에 길하고 水 운에 불길하다.

丙일간에 己土 상관은 金을 만나면 상관이 설기해서 재

를 생함으로 인해서 길하고 水는 관으로 상관과 상쟁하므로 불길하다.

월주 己未 상관은 월지 未土 상관에 丁乙己가 암장되어 있어서 丁火가 년간에 水의 관을 丁壬合木으로 유도하여 일간에 크게 위압감을 주지 않게 되어 길하고 未土와 子水가 원진이 되는 예도 이와 관련이 있다.

子水에 지장간에는 壬癸가 암장되어 있어서 未土 중에 丁火가 丁壬合木으로 水의 진기를 유도하므로 子未가 만나면 육해살이 된다.

그리고 丙火 일간이 일지에 子水를 만난 것은 정관을 만난 것이 되어서 남자 사주에서 일지가 재가 되어야 타당한데, 반대로 관이 되어서 이것은 공처가를 뜻한다.

남자 사주에서 관은 벼슬과 관운과 명예를 보는 것으로 고귀한 명예가 땅에 떨어져서는 이로울 것이 없고 오히려 부인의 구박만 있을 뿐이다. 남자 사주에서 일지에 정관은 깔게 되면 양귀비 같은 여자였는데 살아보니 살쾡이로 변했다는 것으로 공처가의 명이다.

월간 · 편관격 – 후처이다.

월간 · 편관격 사주 예

시주	일주	월주	년주	구분
壬 寅	壬 戌	戊 寅	庚 戌	사 주
	辛丁戊	戊甲壬		장간

　이 사주는 壬戌 일주가 戊寅 월주에 태어나서 실령을 하였고 월지 寅木에 지장간에 戊土가 암장되어 있는데 월간에 투출이 되어서 편관격이다.

　사주가 편관격이 되고 일간이 허약하면 편관에 의해서 사주가 끌려가게 된다. 편관은 월지에 뿌리를 하고 있어서 강하기 때문이다.

　이 사주는 壬水 일간으로 戊土의 처가 된다. 그래서 본인은 본부인이 아니라는 것을 알 수가 있다. 그리고 꼭 같은 壬水가 시간에도 투출이 되어 있어서 남편인 편관이 여자를 한꺼번에 두 명을 데리고 산다는 것이다.

　그렇다면 이 사주는 본처가 살아있는 남편과 같이 살고 있으니 첩이라는 것을 알 수가 있다. 그리고 여자가 꼭 같은 사람이 꼭 같이 투출이 되어 있다 함은 본처와 첩이라는 것을 암시하고 있다. 그래도 관이 강하여 꼼짝 못하고 남편 이 애처가로서 살고 있다는 것이다.

여자의 관은 남편인데 남편의 신인 戊土는 지지 전체에 뿌리를 박고 있어서 강하게 되었다는 것이다. 그리고 여자 가 생해 주는 오행이 자식인데, 壬水가 낳은 것은 寅木이 되어서 寅木은 월지·시지에 2개가 있어서 각자가 1명씩의 자식을 두었다는 것을 알 수 있다.

월지·편재격 - 처에게 다른 남자가 있다.

월지·편재격 사주 예

시주	일주	월주	년주	구분
壬	乙	乙	辛	사
午	丑	未	巳	주
水	木	木	金	오
火	土	土	火	행

이 사주는 乙丑 일주가 乙未 월주에 태어나서 乙木은 비 견인데 월지·일지가 丑未 충이 되었다. 일간 乙木의 비견 은 월간에 乙木인데 월지 未土의 지장간에 乙木의 뿌리가 있어서 튼튼하다.

그러나 일간은 반대로 丑未 충이 있어서 뿌리를 깊이 박지 못하고 있다. 그래서 丑土가 기신(忌神)이다.

시간에 壬水의 인수가 있어서 그나마 유지를 하고 있는데, 문제는 丑土는 乙木이 편관이 되는데 월간과 일간에 나란히 있게 되어 다른 남자와 유유히 만나고 있다.

그래서 부인의 정조가 문란하다. 사주 내에서 천간은 하늘이요 양(陽)이고 정신인데, 乙辛이 충을 하고 있어서 정신이 혼미하고 우둔한데 지지에서는 巳午未로 화국(火局)의 방합 국을 이루고 있어서 丑土가 견딜 수가 없고, 乙木 또한 지지에 식신이 단합을 하게 됨으로써 약한 木이 감당을 할 수가 없어서 힘을 쓰지 못한다.

이것은 남자의 구실을 제대로 할 수가 없다는 뜻이다. 지지는 땅이요 음(陰)인데 음은 정적이어야 하는데 합국을 이루게 되어 움직인다는 것은 지지가 가볍다고 보는 것이다. 지지가 가벼우면 지지는 여자를 말함이니 여자가 가벼우면 다른 남자와 자주 어울리게 된다는 것이다.

일지 · 정관 – 남편을 극한다.

일지 · 정관 사주 예

시주	일주	월주	년주	구분
辛 巳	庚 午	癸 未	丙 戌	사 주
金 火	金 火	水 土	火 土	오 행

이 사주는 庚午 일주가 癸未 월주에 태어나서 신강하다. 사주 내에서 정관이 중하고 상관이 적은데 상관·식신 운을 또 만나면 남편을 극한다.

庚金 일간이 일지 午火의 관을 깔고 앉아서 매우 거북하다. 더구나 지지가 巳午未의 화국(火局)의 방합을 이루고 있어서 관이 왕한 사주다.

남자 사주는 일지에 재를 깔고 앉아야 마땅한데, 반대로 관을 깔고 앉아서 못마땅하다. 지지에 관을 깔고 앉게 되면 관재구설수를 면하기 어렵다. 여자 사주라면 남자를 깔고 앉은 격이 되어서 남편 운이 좋지 않으므로 팔자가 매우 사납다. 사주 내에서 식신과 정관이 모두 투출하면 남편을 극하지 않으나 식신·상관 운이 태과하면 남편을 극하고 식신이 태과해도 관살이 없으면 남편을 극하지 않는다.

일지 · 상관 - 재가한다.

월상겁재격 사주 예

시주	일주	월주	년주	구분
戊 子	庚 子	辛 丑	甲 申	사 주
土 水	金 水	金 土	木 金	오 행

이 사주는 庚子 일주에 일지 子水가 상관이다. 그리고 시지에 子水도 상관이다. 사주 내에서 일주에 상관이 있으면 재가(再嫁)한다.

庚子 일주가 辛丑 월주에 태어나서 신왕하고 년지에 申金이 일지에 정인인데 월지 丑土도 정인이다.

월지 丑土에 지장간에는 辛金이 암장되어 있고 월간에 투출이 되어 있어서 겁재격이다. 신왕하고 겁재가 있어서 일간이 신왕한 운이 올 때에는 겁재가 비겁으로 돌변하게 되어서 겁재에게 모든 것을 빼앗기게 되어서 이러한 사주는 동업하는 장사나 사업은 금물이다.

일주가 일지에 상관을 만나면 일간의 기운을 설기하게 되어서 좋지 않은데, 시지에 또 상관을 만나게 되어서 재가해도 다시 재가하게 된다. 일간은 아무리 왕해도 설기하는 곳이 적어야 좋은데, 일지·시지가 동시에 상관이 되었다 함은 지지로 천기가 설기 당하게 되어서 주관이 없고 정조가 없게 된다.

더욱이 이 사주는 월간 辛金이 기신(忌神)이 되어서 불미스럽고 여자 사주에서 관이 남자인데 사주 내에서 투출된 관이 없고 지장간에도 관이 암장되지 않아서 재가를 한다 해도 남자의 덕이 무덕(無德)이다.

일지·재성(財星) − 처 덕이 있다.

일지·재성 사주 예

시주	일주	월주	년주	구분
丁巳	戊子	庚申	戊辰	사주
火火	土水	金金	土土	오행

이 사주는 戊子 일주가 庚申 월주에 태어나서 득령을 하지 못했으나, 시주가 丁巳에 인수가 되어서 신약하지 않다.

더구나 년주가 戊辰의 비견이 되어서 득세했다.

사주가 신이 득세하고 식신이 있고 재를 깔고 앉게 되면 길하다. 특히 일지 子水가 지지에서 申子辰 수국(水局)을 이룸으로써 재국이 되어 신왕재왕하게 된다.

이 사주는 년주 戊辰이 양인격의 간지동이요, 월주 庚申이 양인격의 간지동이요 시주가 丁巳로서 음인격의 간지동이 되어 사주 내에 간지동이 많아서 부부 운이 미약하다. 그리고 연월에 재성이 없고 일시에 재성이 있으면 만년(晩年)에 자수성가한다. 그러나 신왕재왕해도 비겁운을 만나면 재물이 사라진다.

시상 · 정재 – 처가살이다.

시상 · 정재 사주 예

시주	일주	월주	년주	구분
辛 卯	丙 戌	壬 寅	壬 子	사 주
癸辛己	辛丁戊			장간

이 사주는 丙戌 일주가 壬寅 월주에 태어나서 월지에 득령을 하였으므로 신강하다. 시간이 정재가 되면 성질이 조급하나 독립할 수 있어서 부귀하고 형충파해 내지는 겁재

가 없으면 처가 미모가 뛰어나고 자식도 유능하다.

시상·정재는 성질이 조급하나 연월과 원격해서 조상과 부모궁이 떨어지므로 독립해서 자수성가하고 재생관(財生官)으로서 관이 고귀하여 부인이 남편을 돕고 시는 자식궁이므로 자식이 준수하다. 그러나 재가 관을 생해서 즉 처가 남편을 살리는 격으로 처가살이다.

정재는 지지에 암장되면 양가심장(良賈深藏)이라 해서 재(財)가 가사를 취하게 된다. 이 사주는 일지·시지에 암장간에 정재에 辛金이 있고 시간에 辛金이 투출이 되어서 처가 재물과 가사를 도맡아서 책임지게 되고 남자는 소가 고삐에 끌려가듯이 처에게 끌려가게 되므로 처갓집에서 처가살이를 하게 된다.

시상·편관 - 남편 덕이 없다.

시상·편관 사주 예

시주	일주	월주	년주	구분
癸 卯	丁 亥	乙 酉	乙 巳	사 주
水 木	火 水	木 金	木 火	오 행

이 사주는 丁亥 일주가 월지에 酉金의 재를 만났고 일지에 亥水에 관을 만나서 득령과 득지를 하지 못했으나, 년간·월간에 편인이 있고 시지에 卯木이 있어서 신왕하다.

그런데 여자 사주가 관을 깔고 앉게 되면 좋지 않다. 관이란 여자 사주에서 남편이 되는데, 남편을 깔고 앉았다 함은 남편 운이 좋지 않다는 뜻이다.

일지 亥水는 丁火에 정관인데 지지가 亥卯로 목국(木局)의 반합이 되어서 木氣가 강하다. 이렇게 되면 丁火는 木에 인수가 왕해지게 되고 월지에 酉金과 년지에 巳火가 巳酉로 금국(金局)의 반합이 되어서 재국(財局)이므로 돈을 벌기 위해서 먼 곳으로 떠나게 되므로 관을 벗어나게 된다.

시간에 편관이 있어서 다른 남자를 만나게 된다. 그러나 편관과도 충이 되므로 만족할 수가 없다. 그래서 이 사주는 선천적으로 타고난 운이 남편이 덕이 부족하다는 것을 알 수 있다.

그리고 여자 사주 내에 지지에 합이 많으면 사회활동을 많이 해야 하고, 금국(金局)과 목국(木局)에 대치가 된다 함은 동서(東西)가 양분이 되어서 어느 곳에 가서라도 고립이 되고 타인과 충돌이 잦고 시비가 많아서 성공을 하려면 제약이 많이 따르게 되므로 고생을 많이 하게 된다.

시간·비견 - 남편과 자식 운이 없다.

시간·비견 사주 예

시주	일주	월주	년주	구분
丁 未	丁 酉	癸 卯	己 亥	사 주
火 土	火 金	水 木	土 水	오 행

이 사주는 丁酉 일주가 癸卯 월주에 태어나서 월령을 얻어서 신왕하다. 사주 내에서 재가 있고 인수가 있으면 신분이 높다. 인수가 있으면 신왕하고 재가 있으면 관을 생하므로 귀격이다.

그러나 사주가 네 기둥이 전체가 음(陰)으로 구성되어서 팔자가 세다고 보는 것인데, 그것은 사주의 8글자가 전체적으로 음(陰)으로 형성되면 음에 기운이 크게 작용하여 상대적으로 양(陽)에 氣가 쇠퇴하게 됨으로써 남자의 기(氣)가 꺾이게 되고 남자 덕이 없게 된다. 그래서 흔히 팔자가 세다고 말하게 된다.

사주 내에서 관왕하면 귀한 남편을 얻는데, 가령 정관이 관살혼잡이 안 되고 재가 있으면 귀부인이다. 그리고 정관이 없고 재가 왕하면 자연히 관을 생함으로써 부귀하다.

시간·비겁 – 홀아비다.

시간·비겁 사주 예

시주	일주	월주	년주	구분
甲	乙	己	壬	사
申	亥	酉	辰	주
木	木	土	水	오
金	水	金	土	행

79	69	59	49	39	19	19	9
丁	丙	乙	甲	癸	壬	辛	庚
巳	辰	卯	寅	丑	子	亥	戌

이 사주는 乙亥 일주에 己酉 월주로서 월령을 얻지 못하
여 신약하다. 시간에 甲木이 월간에 己土와 甲己合土로 변
하였다. 재성이 관을 태왕하게 만들므로 여자와 같이 살지
못하는 사주다. 재가 여자로서 관이 태왕하면 재가 약해지
는데, 시간의 甲木과 일지 亥水의 지장간에 甲木이 겁재격
으로 부인을 빼앗기는 판국이다.

실제로 44세 이후로 처와 이별하였다. 나약한 乙木은 태
풍에 휘날리는 땅에 붙은 풀과 같으니 살아남기 위해서는
마음이 모질어야 한다. 이것은 고목나무 밑에 잡풀과 같아
서 태양 빛이 그리운 격이다.

乙木의 재가 己土인데 비겁에 甲木이 己土와 합을 하여 나약한 신을 도와주는 세력이 없다. 이래저래 대운에서도 甲寅, 乙卯에 비견이나 겁재만 들어오게 되고 신을 도와주는 시늉만 할 뿐 겁탈자로서 변하게 되어서 부인이 없는 홀아비 사주가 된다.

시간 · 정재격 – 여자가 가산을 쥐게 된다.

시간 · 정재격 사주 예

시주	일주	월주	년주	구분
丙	己	戊	甲	사
子	丑	午	申	주
壬 癸	癸辛己			장간

이 사주는 己丑 일주가 戊午 월주에 태어나서 월지에 득령을 하였고 일지에 득지하여 신왕하다.

그런데 사주가 壬子가 천간 · 지지가 水가 되어서 외격에 재살격이 되었다. 子水의 지장간에는 壬癸가 시간에 투출이 되어서 정재가 왕하여 활동을 하게 되므로 子水가 병(病)이 된다.

재가 왕하면 월지 午火인 인수를 극하게 됨으로써 신강

한신을 무력하게 만들고 있다. 특히 子水는 午火와 子·午 충이 되어 근본적으로 뿌리를 흔들어 놓게 되므로 子水가 흉신인데 이러한 사주는 결혼을 하면 여자가 재산과 가업 을 쥐게 되고 본인은 몸이 상하고 재물은 흩어지게 된다.

그것은 일지 丑土 중에 癸辛己가 암장되어 있어서 辛金 은 癸水를 생하게 되니 丑土도 기신(忌神)이 되는 것이다. 일주가 음인격에 간여지동이고 시주도 壬子가 간여지동이 되어서 부부간에 애정이 없다.

시상·상관격 – 과부가 많다.

시상·상관격 사주 예

시주	일주	월주	년주	구분
乙巳	壬午	辛未	甲午	사주
木火	水火	金土	木火	오행

이 사주는 壬午 일주가 辛未 월주에 태어나서 월간에 辛金 에 정인이 있으나 식신·상관이 있고 재가 많아서 신약하다.

水일주가 신약하면 기억력이 둔하고 壬水 일간이 나약하

면 의지력이 약하여 노력이 부족하고 게으르다. 水 오행은 근본적으로 모든 만물의 씨앗이 되고 영양소가 되는데, 水가 고갈이라 함은 장래를 말할 수가 없어서 자식 운이 없고 말년에 고독하다. 水에 관(官)은 土로써 남자 사주에서 관은 아들이 되는데 관이 없다.

월지 未土가 있으나 巳午未로 화국(火局)으로 가버렸으니 관에 힘이 미약하여 자식 운이 없다. 월지 未土에 지장간에 乙木이 암장되어 있어서 이 乙木이 시간에 투출이 됨으로써 상관격이 되었고, 일지 午火가 정재인데 정재가 巳午未의 화국을 형성하였으므로 여자들에 반란이 되어서 집안에 과부가 많게 된다.

남자 사주라면 일지에 재를 깔았으니 처복이 있다고 하겠으나, 午火가 재인 것은 분명하나 巳午未로 방합국을 이루게 되어서 남자에 氣를 누르게 됨으로써 남자가 설자리가 없으므로 과부가 많다.

시상 · 편재격 – 홀아비다.

시상 · 편재격 사주 예

시주	일주	월주	년주	구분
戊	甲	癸	壬	사
辰	戌	未	子	주
乙癸戊	辛丁戊	丁乙己		장간

이 사주는 甲戌 일주가 癸未 월주에 태어나서 득령을 하지 못했으나 년주가 壬子水로서 신왕하다. 그런데 사주에서 천간이 甲일생이고 戊와 癸가 있으면 그 첩이 음란하다.

甲일간에 己土가 정처요 戊土가 첩이니 戊와 癸가 있으면 戊癸合火가 되므로 戊土는 甲일간 이외에 다른 남자가 있다.

일지 戌土 지장간에는 辛丁戊가 암장되어 있고 시간에 戊土가 투출이 되어서 甲木에 편재가 되는데, 辰戌 충으로 戊土의 뿌리가 뽑히게 되므로 甲木의 재로서 편재가 상실되었다.

그래서 甲木 일간은 본처와 실패를 경험하고 편처와도 실패를 하게 되므로 홀아비 신세를 면치 못한다.

상관생재격 – 재가(再嫁)이다.

상관생재격 사주 예

시주	일주	월주	년주	구분
甲	辛	辛	壬	사
午	未	亥	午	주
		戊甲壬		장간

이 사주는 辛未 일주가 辛亥 월주에 태어나서 실령을 하였으나, 일지 未土에 인수를 만나서 신강하고 월간에 辛金이 비견이 되어서 도움이 된다. 그러나 월지 亥水가 식신인데 亥水 중에는 甲木이 암장되어 있고 그 甲木이 시간에 투출이 되어 있어서 정재격이 되었다. 정재란 여자 사주에서 재물과 시아버지와 시어머니가 된다.

여자 사주에서 시부모가 재(財)가 되는 것이다. 그렇다면 정재 외에 일지에 未土 중에는 乙木에 편재가 있는데 편재란 편모(偏母)를 뜻하게 되므로 결혼을 재차하게 된다.

그리고 시간에 甲木이 정재인데 시간에 크게 투출이 되어서 월지에 뿌리를 박고 있다. 그렇다면 이 사주는 선천적으로 타고나기를 편모를 모시고 살아야 하는 팔자이다.

그리고 일간과 월간이 비견이 되어서 신이 왕하고 운이

풀리게 된다 해도 비견이 비겁으로 둔갑하여 모든 것을 빼앗아가게 된다.

사주의 구성상 년지와 시지에 있는 午火가 편관이 되어서 년지는 초년을 뜻하고 시지는 말년을 뜻하게 되니 초년에 결혼을 해서 실패를 하게 되고, 말년에는 어차피 재혼을 하여 편부를 섬기게 되는 사주다. 이 사주는 월지에 亥水 중에는 壬水가 있고 년간에 투출이 되어서 상관생재격이 되었다.

신왕용재(身旺用財) - 상처한다.

신왕용재 사주 예

시주	일주	월주	년주	구분
辛 丑	壬 申	壬 子	丁 未	사 주
金 土	水 金	水 水	火 土	오 행

이 사주는 壬申 일주가 壬子 월주에 태어나서 신왕하고 월지 子水가 비겁이다. 신왕하고 사주 내에서 재가 없어서 식신 상관인 木으로 용신을 하게 되면 왕한 비겁의 기운을

설기하게 된다. 신왕하고 재가 많으면 신왕용재로서 길명
이며, 거기에 관살이 약하면 재가 관살을 도와서 관살과 일
주가 세력이 균등해서 길명으로서 재가 관을 도우므로, 현
명한 처이며 미모가 뛰어나지만 비겁이 들어오게 되면 재
를 겁탈하므로 처는 사망한다.

그래서 관살이 약하고 신왕해서 재성이 있고 비겁을 만
나면 상처를 하게 된다. 사주 내에서 비겁이란 겁재를 말하
는데, 겁재만이 겁탈자로 보지 않고 신왕한데 비견이 있어
도 겁재로 보게 되어서 좋지 못한 것이다.

음인 간여지동 – 노총각이다.

정관격 사주 예

시주	일주	월주	년주	구분
壬	丁	壬	甲	사
子	巳	申	辰	주
	戊庚丙			장간

이 사주는 丁巳 일주가 壬申 월주에 태어나서 실령을 하
였으나, 일지에 巳火에 겁재를 만났고 년간에 甲木에 정인
이 있어서 신약하지는 않다. 그러나 월간과 시간에 壬水가
있어서 丁壬合木으로 합화(合化)가 되면 木으로 변하게 되

고 지지가 申子辰의 삼합에 수국(水局)을 이루어서 水가 왕한 사주다.

丁巳 일주로서 천간과 지지가 같은 간여지동으로 음양의 화합이 맞지 않다. 천간은 하늘이요 양(陽)이요 남자이고, 지지는 땅이요 음(陰)이요 여자가 되는데, 지지에 巳火는 불로써 양이 되어서 음이 없는 것이나 마찬가지다.

그래서 여자가 없는 사주로 설령 있다 하더라도 丁巳 일주는 巳火에 지장간에 암장된 庚金이 정재인데, 丙火가 붙어 있어서 丙火는 丁火에게 비겁이 되므로 부부 운이 좋지 못하게 된다. 그리고 천간에서 丁壬合木으로 木에 재가 土인데 년지에 辰土가 있으나 辰土는 수고(水庫)로서 수국(水局)으로 삼합으로 되어서 土의 기운 역시 상실하였다.

그래서 부인의 자리는 없게 되니 늦도록 장가를 가지 못하고 노총각의 신세를 면하지 못하고 있다. 丁火의 입장에서 보더라도 申金이 재가 되나 申金 역시 申子辰 삼합에 수국(水局)을 이루어서 관이 되었다. 사주의 선천 운에서는 장가갈 운이 없으므로 후천 운인 세운이 오면 조금이나마 기대할 수밖에 없는 사주다.

음일간 건록 – 처자(妻子)와 인연이 희박하다.

음일간 건록격 사주 예

시주	일주	월주	년주	구분
丁酉	辛酉	辛亥	丁巳	사주
		戊甲壬		장간

이 사주는 辛酉 일주가 건록격으로 월간에 비견이 있고 酉가 辛에 건록이 된다. 일주가 건록이면 일주가 왕하다는 것인데, 월간에 辛金에 비견이 있고 시지 酉金에 비견이 있어서 신(身)이 태왕하고 월지 亥水가 상관으로 설기가 되고 있으나 정작 사주 내에 재가 없다.

사주가 신왕하면 재가 있어야 길한데, 재가 없어서 오행이 통변되지 못하고 끊어지게 된다. 월지 亥水의 지장간에 甲木이 암장되어 있어서 후천 운인 木 운이 오면 재가 되어서 좋으나 사주 내에 투출된 木이 없다. 만약 木이 있다 하더라도 뿌리를 박을 수 있는 터전인 土가 없으므로 발복을 하지 못한다. 金의 재는 木이므로 木이 없으니 남자 사주에서 재는 재물과 여자로서 처의 자리가 비게 되어서 처와의 인연이 희박하고 음일간에 건록격은 외가가 몰락하는 격이다.

여명관무(女命官無) – 남편이 없다.

정재격 사주 예

시주	일주	월주	년주	구분
己	辛	甲	壬	사
丑	未	寅	子	주
		戊丙甲		장간

이 사주는 辛未 일주가 甲寅 월주를 만나서 월주가 재성이 되고 시주는 인수가 된다. 그러나 사주에서 관이 되는 火 오행이 없어서 여자 사주에서 관이 끊기고 인수가 순수하면 지체가 높은 부인으로 행세하게 되나, 여명에 관이 끊기면 남편이 없는 격이요, 남편이 없으면 억압을 당하지 않고 인수가 순수하고 현명하여 재물이 있는 귀부인이 되나, 월지의 寅木의 지장간에는 甲木이 암장되어 있고 월간에 甲木이 투출이 되어서 정재격이 되었다.

정재는 남자 사주에서 길하나, 여자 사주가 정재격이 되면 남녀를 바꾸는 격이 되어서 좋지 않다.

여명의 관약(官弱) - 남자 덕이 없다.

시상 정인격 사주 예

시주	일주	월주	년주	구분
辛	壬	壬	丁	사
丑	申	寅	卯	주
癸辛己				장간

이 사주는 壬申 일주가 壬寅 월주에 태어나서 실령을 하였으나, 일지에 득지를 했고 월간에 壬水 비견을 만나서 신왕하다.

시지 丑土의 지장간에는 辛金이 암장되어 있고 시간에 辛金이 투출하여 인수가 과하게 생해서 일간 壬水가 천방지축이다.

정작 왕한 신을 억제할 수 있는 土에 관이 없어서 고독한 팔자가 되었다. 여자 사주에서 관이란 남자를 뜻하는데, 관이 없다 함은 남편이 없다는 것이다. 설령 남자가 있다 하더라도 남자 덕이 없어서 있으나 마나한 것이다. 선천 운에서 사주 구성이 이렇게 되면 후천 운에서 좋은 운이 계속 들어와 주어야 한다. 시지에 土가 관이라고는 하지만 土라기보다는 金의 기운이 들어 있어서 인수의 역할을 하게 되

었다. 그래서 이 사주는 관이 없으니 남자가 있으나 마나한
것이다.

암합(暗合) - 첩이다.

시간겁재격 사주 예

시주	일주	월주	년주	구분
庚	辛	丙	辛	사
寅	未	申	丑	주
戊丙甲	丁乙己	戊壬庚	癸辛己	장간

이 사주는 辛未 일주가 丙申 월주에 태어나서 득령을 하
였고, 일지에 未土를 만나서 득지하였으며, 사주 내에서 金
이 많아서 득세하였다.

신왕하고 인수가 태왕하다. 사주가 신왕하고 인수가 많은
데 마땅히 설기할 곳이 없고 지장간에는 암합이 많아서 비
밀이 행동하는 일이 빈번하게 된다.

丑의 지장간에 辛金과 시지 寅의 지장간에 丙火와는 丙
辛合水가 되고 申의 지장간에 壬水와 亥의 지장간에 丁火
는 丁壬合木이 되어서 암합이 된다. 그리고 未土 지장간에
乙木과 申의 지장간에 庚金이 乙庚合金이 되므로 지지 전

체가 암합이 된다.

사주에서 오행이 순행하는 것을 귀하게 보고 때로는 합을 하는 것이 좋은 경우가 있으나, 대부분 합이 되어서 오히려 사주의 운을 그르치는 경우가 많게 된다. 지장간에 합많으면 첩이고, 칠살에 도화가 있으면 음란하며 寅申巳亥가 사주에 들면 음란하다. 특히 甲子, 庚午 일생은 음란하다.

윤하격 - 처가 없다.

수왕격(水旺格) 사주 예

시주	일주	월주	년주	구분
壬	壬	壬	丁	사
子	申	子	未	주
水	水	水	火	오
水	金	水	土	행

이 사주는 壬申 일주가 壬子 월주에 태어나서 신왕하다. 그런데 壬水가 천간에 3개씩이나 되어 있고 申子子로 수국(水局)이 완성되어 온통 물바다가 되었다. 사주의 팔자가 거의 水의 힘으로 기울게 됨으로써 윤하격이 되었다. 다만, 한 가지 염려가 되는 것은 년지 未土가 있어서 水를 극하여

장애가 되는 것이다.

丁火는 음화(陰火)로서 크게 장애가 되지 않는다. 사주가 신왕하게 되면 재가 있어야 마땅한데 재가 없어서 여자가 없으므로 처가 없게 된다. 그것은 丁火에 재는 壬水와 합을 하지 않더라도 丁壬이 붙어 있게 되면 가상적으로 합이 되어서 천간은 정신세계를 지배하게 됨으로써 재를 상실한 상태가 된다.

그리고 윤하격의 사주에서 未土가 있어서 관재구설수가 가끔씩 발생하게 된다. 다만, 후천 운인 대운에서 재운이 들어오지 못하게 되면 총각 딱지를 떼지 못하게 된다.

가상관 – 부인이 조사(早死)한다.

편인격 사주 예

시주	일주	월주	년주	구분
丁 卯	甲 戌	壬 子	甲 子	사 주
	辛丁戊			장간

이 사주는 甲戌 일주가 壬子 월주에 태어나서 신왕하다. 년간에 甲木이 월주·인수에 생을 받아서 태왕하다. 그런

데 이 사주는 월지 子水의 지장간에 壬水가 월간에 투출이
되어서 편인격이 되었다.

사주가 일간이 태왕하면 마땅히 설기를 할 곳을 찾아야 한
다. 오행은 순환의 이치로서 상생하면서 돌고 도는 것이다.

그런데 이 사주는 시간에 丁火가 일지에 戌土 중에 辛丁
戊가 암장되어 丁火가 시간을 도와서 상관이 강하지 않을
까 하고 생각할 수가 있으나, 이 사주에서 丁火는 월간 壬
水와 이미 丁壬合木으로 변한 상태로서 戊土 역시 甲木에
관에 억눌려 지지 子水의 세력에 매몰되어 버렸다.

그렇다면 辛金이라고 온전할 리가 없다. 그래서 이 사주
는 일지가 처궁인데 처는 이미 조사(早死)하였다. 이 사주
는 처가 몇 명이 다시 들어온다 해도 도망을 가고 마는 격
으로 홀아비 신세를 면할 길이 없다.

가상관(假傷官) - 어머니가 둘이다.

편인격 사주 예

시주	일주	월주	년주	구분
癸 未	庚 申	壬 戌	戊 午	사주
		辛丁戊	丙己丁	장간

이 사주는 庚申 일주가 壬戌 월주에 태어나서 신왕하다. 월지 戌土의 지장간에 戊土가 년간에 투출이 되어서 편인격이 되었다.

그런데 사주가 신왕하면 식신 상관이 있어서 설기를 해야 한다. 가상관은 설기가 약해서 상관이 묘(墓)운이 되면 일주의 氣를 설기하지 못하여 불리할 듯하나, 월간에 壬水에 식신이 있어서 상관을 도와 일주의 氣가 설하므로 길하다.

묘의 지장간에 또 상관이 있다 함은 시지 未土의 지장간에 乙木이 있어서 癸水의 氣를 설기하게 된다는 뜻이다. 그러므로 편인격에 묘(墓)운을 만나면 재난이 크다 함은 진상관에 대한 것이고 가상관에 대한 것이 아니다.

이 사주는 월지 戌土의 지장간에 辛丁戊가 암장되어 있고 년지 午火의 지장간 중에는 丙己丁이 암장되어 있는데, 그렇다면 나를 낳아준 인수가 土로서 戊土는 양토(陽土)에 편인이 되고 음토(陰土)는 己土에 정인이 되어서 어머니가 2명으로, 친모는 초년기에 일찍 사별을 하였으며 현재는 편모를 모시고 살고 있는 사주다.

가상관(假傷官) – 부부 운이 좋지 않다.

시상 · 상관 사주 예

시주	일주	월주	년주	구분
癸未	庚申	己巳	己丑	사주
水土	金金	土火	土土	오행

이 사주는 庚申 일주가 己巳 월주에 태어나서 득령을 하였고 일주 庚申이 간여지동이 되어서 신왕하다. 월지가 巳火로서 득령을 했다 함은 년지의 丑土와 巳丑의 금국(金局)의 반합이 되었기 때문이다.

시간에 癸水의 상관이 미약하여 가상관이 되는데, 이러한 경우에 상관운을 만나서 상관운이 강해지면 발복을 하게 된다.

또 金氣가 견실해서 여간한 火의 힘으로는 설기하지 못하므로 水의 상관이 묘(墓)운에 들게 되면 지장간에 상관이 또 있어서 합세를 하면 모체의 정기를 설기하게 되므로 길하다. 그래서 가상관은 인수 운에 파(破)하고 진상관은 상관운에 파한다.

이 사주는 庚申 일주가 신왕하고 간여지동이 되어서 근본적으로 천간과 지지의 음양이 맞지 않으므로 결혼을 해도 부부 운이 좋지 못하다. 그리고 일간 庚金의 재(財)가 木인데 사주 내에서 투출된 木이 없다. 만약 木이 있다 해도 金이 태왕하여 木이 살아남기 어렵다.

　그래서 이 사주는 실제로 50세 이후에 부인과 이별을 하고 독수공방하면서 살게 되었다. 그러나 사주 내에서 가상관이 되어도 후천 운인 대운과 세운에서 상관을 돕는 용신이 들면 발복을 하게 된다.

녹관과 식신 상관 – 애정이 없다.

시간편재격 사주 예

구분	년주	월주	일주	시주
사주	辛未	戊午	丁巳	辛丑
오행	金土	土火	火火	金土

　이 사주는 丁巳 일주가 戊午 월주에 태어나서 신왕하고 丁火에 건록(建祿)이 午火가 되는데 관이 없다. 사주 내에

서 水 오행이 없다는 뜻이다. 사주 내에서 水가 없으면 메마르고 건조하게 되고 녹이 관이 없는데 식상이 들게 되면 권세가 있다.

가령 甲 일간의 녹은 寅이요 관인 金에 대해서는 절(絶)이 되므로 일주의 녹이 관을 만나지 않으면 재산이 원만하다. 甲일간에 상관 식신은 火이니 寅 중에 丙火는 목생화(木生火)‥화생토(火生土)로 상생함으로 길하다. 甲일간에 庚은 관이요 戊는 재로 재생관이 되어 관직운이 대길하다.

녹(祿)이 충파가 되면 고향을 떠나서 타향살이하고, 괴강이 재관을 만나면 도처에 의식주가 풍족하며, 관이 복록이 있고 재와 관에 인수를 만나면 평생 부귀하고 녹이 장생에 있고 인수가 있으면 귀관이다. 그런데 丁火 일간에 녹이 되는 午火를 만났으나 水인 관(官)이 없으면 애정이 없고, 일주가 丁巳가 음인의 간여지동으로 천간과 지지의 구분이 없어서 음양의 조화가 맞지 않으니 이와 일맥상통하게 된다.

상관 · 관살격 – 홀아비 사주

상관 · 관살격 사주 예

시주	일주	월주	년주	구분
己	壬	己	庚	사
酉	子	卯	辰	주
土	水	土	金	오
金	水	木	土	행

이 사주는 남자 사주로서 壬子 일주가 己卯 월주에 태어나서 실령을 하였으나 일지 子水가 간여지동이 되고 년간 庚金과 년지 辰土도 子辰으로 수국(水局)의 반합이 되었고 시지 酉金도 인수가 되어서 신왕한 사주다.

그런데 월지 卯木의 지장간에는 甲木이 암장되어 있어서 월간과 甲己合土로 합을 하고 있다. 이렇게 되면 신왕에 관왕한 사주가 되어서 외격에서 상관관살격이 되었다.

사주가 신왕하면 재성이 있어야 마땅한데, 재가 고갈이 됨으로써 남자 사주에서는 재가 재물이요 여자인데, 재가 없어서 끊어졌다면 이것은 변변한 가정을 꾸릴 수가 없다.

가정은 인생살이에서 가장 기본적인 안식처이고 보금자리인데, 가정을 꾸리지 못하게 된다 함은 날아가는 뜬구름과 같아서 안정을 취할 수가 없게 된다.

이 모든 것이 음양의 조화가 없어서 그런 것이다.

모든 사물은 음양의 조화에서 생성과 소멸이 따르게 된다. 그런데 水와 火는 근본적으로 음양의 이치인데, 火 오행이 없어서 짝을 만나지 못하고, 설령 만난다 하더라도 모든 여건이 허락하지 않아서 생사이별하게 됨으로써 결국 독수공방하게 된다.

상관과 양인 – 혼담에 애로가 많다.

시상 · 상관격 사주 예

시주	일주	월주	년주	구분
甲 寅	癸 酉	乙 卯	辛 丑	사 주
木 木	水 金	木 木	金 土	오 행

이 사주는 癸酉 일주에 乙卯 월주로서 시간에 甲木이 상관이다. 이 사주는 상관에 양인이 있어서 신왕하다. 일주 상관이 양인을 겸하면 남편이 사망하고 일주는 자신과 배우자의 위치로써 상관이 정관을 극해서 남편이 사망하게

된다. 이것은 癸水의 상관은 甲木인데 이 甲木이 관인 土를 극함으로써 남편에게 화가 미치게 되는 것이다.

상관이 많으면 혼담에 애로가 많고 생사이별이 되는데 이것이 공망이 되면 무사하다. 가령 상관이 남편을 극해서 상관의 세력이 많으면 남편이 두려워서 들어오지 못하므로 혼담에 애로가 있게 되고, 성혼해도 상관이 많아서 생사이별하게 되고 공망이 되면 상관이 허공이 되어서 세력을 쓰지 못하므로 쓸모가 없게 됨이다.

정재의 성정 – 처 덕이 있다.

신왕재왕 사주 예

시주	일주	월주	년주	구분
壬 寅	壬 午	辛 巳	丁 未	사 주
水 木	水 火	金 火	火 土	오 행

이 사주는 壬午 일주가 辛巳 월주에 태어나서 일지에 午火에 정재를 깔고 앉았고 시지에 寅木은 식신인데 일지와 寅午로 화국(火局)에 반합을 이루고 있다. 신이 왕할 때에

는 더 없이 반가운 일이다.

정재의 성정은 남자 사주에서 처(妻), 백부(伯父)·백모이고 여자 사주에서는 고부(姑婦)이다. 정재는 처의 재산으로 처가 이 재산으로 남편을 봉양하므로 신이 강해야 이 정재를 향유할 수 있고 신이 약하면 향유하지 못한다.

정재는 명예와 신용을 주로 하고 호색의 기질이 있다. 그러나 일주가 신왕한데 지지에서 시지에 寅木을 비롯해서 巳午未의 화국의 방합이 되어서 길한 사주로서 호의호식하고 재물이 넉넉한 예로서 신왕재왕격이 된다. 사주가 신왕하고 지지에서 재국을 이루게 되면 처가 현명하고 처덕이 있게 되어서 오나가나 여자 복이 있게 된다.

정재의 노장(露藏) - 뜬구름이다.

정재의 노장 사주 예

시주	일주	월주	년주	구분
己	己	丙	甲	사주
巳	亥	子	午	
土	土	火	木	오행
火	水	水	火	

이 사주는 여자 己亥 일주가 丙子 월주에 태어나서 득령을 하지 못했고 득지하지 못하였다. 일지에 정재를 깔고 앉았으나 년간에 甲木과 甲己合土가 되고 월간에 丙火가 정인이 되므로 신왕하다.

여자 사주가 정재를 깔고 앉았다 함은 좋은 사주라 할 수 없다. 특히 사주에서 정재는 감추어져야 하고 투출이 되면 불필요하다. 정재가 감추어지면 재물이 풍부하고 위인이 체격이 좋다. 정재가 투출하면 재물이 뜬구름 같아서 세인의 주목이 되므로 비겁이 들어와서 세인의 주목을 막아야 하고, 정관이 투출하여 정재가 감추면 사람이 현명하고 영리하여 세인의 이목을 집중시켜서 사회에서 공인된 자리에서 발전하게 된다.

년지·월지가 칠살이요, 일지·시지가 칠살이어서 상하가 분별이 없어서 그것은 오직 여자 사주에서 정재·편재가 노출된 탓이라 하겠다.

정재에 정·편관 – 남녀관계 혼잡하다.

시간 비겁 사주 예

시주	일주	월주	년주	구분
乙 丑	甲 辰	甲 子	己 未	사 주
木 土	木 土	木 水	土 土	오 행

이 사주는 甲辰 일주가 甲子 월주에 태어나서 월령을 얻어서 신왕하고 甲辰 일주에 년지·시지가 丑未土로서 정재이고 년간에 己土 또한 정재이다.

일지 辰土가 편재이고 시간에 乙木은 겁재이며 丑土는 정재이고 辰土는 편재가 된다.

신왕한 사주에 비견과 겁재가 양 옆에 버티고 있고 정재 편재가 어지럽다 함은 첫째는 부부 인연이 깊지 못하고, 둘째는 남녀관계가 혼잡해서 문란하다.

신왕에 정재와 편재가 난립한다 함은 관인 金이 없기 때문이다.

관인 金이 있으면 재성이 金을 생각하느라 외부에 정신을 팔지 않는 까닭인데, 이 사주는 金이 없다. 반대로 사주 내에서 정재·편재가 왕성하고 정관·편관이 모두 왕하면 오히려 처가 남편을 억압해서 남편이 공처가다.

정재격 – 본처 잃고 후처와 살고 있다.

정재격 사주 예

시주	일주	월주	년주	구분
庚 戌	丁 未	辛 巳	丁 未	사 주
	丁乙己	戊庚丙		장간

이 사주는 丁未 일주가 辛巳 월주에 태어나서 신왕하고 월지 巳火의 지장간 중에 庚金이 시간에 투출이 되어서 정재격이다. 이 사주는 월간에 편재가 투출이 되어 있으므로 본처는 사망하고 재취하여 후처와 살고 있다는 것인데, 정재는 월지·지장간에 묻혀 있고 시상에 정재가 투출이 되었기 때문에 중년이나 말년에 재취(再娶)를 했다는 것이다.

정재격이 관을 꺼려함은 정재는 편재보다 약해서 관이 들어오면 재의 氣가 설기하는 관계로서 재가 많고 신왕해서 비겁이 왕하다면 관살이 비겁을 억압해야 길명이 된다. 그래서 재의 격이 되면 살을 만나야 하고 재는 숨기고 관은 노출이 되어야 귀하다 하였으니 정재가 관을 꺼려함이다.

정재 · 칠살 – 처가 사망한다.

정재와 칠살 사주 예

시주	일주	월주	년주	구분
甲辰	壬午	庚子	己卯	사주
木土	水火	金水	土木	오행

이 사주는 壬午 일주가 庚子 월주에 태어나서 월간에 편인이 투출이 되어서 신왕하다. 사주가 신왕하고 정재를 깔고 앉았으나 정재가 월지 · 비견에 충을 받음으로써 흉하다.

사주 내에 정재는 어느 위치에서 어떻게 구성이 되었는지에 따라서 운명이 달라지는데, 이 사주는 월간 庚金이 편인인데 월지 · 비견이 강하고 강한 子水가 일지 · 정재 午火를 칠살로서 충하게 되어서 처가 조사(早死)하게 된다.

남자 사주에서 처궁이 약하면 처복이 없을 뿐 아니라 재물을 유지하기 어렵다. 사주 내에서 정재가 충파를 만나면 본인이 평생 고생길이고 정재가 함지(咸池)에 있게 되면 처가 호색하다.

이 사주는 일지와 월지가 칠살이요, 시지의 辰土가 월지 子水와 합세하여 일지를 극하므로 결국 처가 오래 버티지 못하게 됨으로써 사망하게 된다. 이 사주에 주인공은 홀아비 신세를 면치 못한다.

정관 · 편관 – 공처가다.

년간 · 편재격 사주 예

시주	일주	월주	년주	구분
乙 卯	戊 申	甲 子	壬 午	사 주
木 木	土 金	木 水	水 火	오 행

이 사주는 戊申 일주가 甲子 월주에 태어나서 득령하지 못했고, 일지에도 申金을 만나서 득지하지 못하여 신약하다. 그래서 년지 午火에 인수로서 도움이 있을까하고 기대를 하고 있었는데, 월지 子水가 午火의 인수를 子午 충하고 또 子水는 수생목(水生木)으로 甲木의 편관을 키워서 사주가 엎친 데 덮치는 격이 되었다.

사주 내에서 정관·편관이 구비하고 거기에 재가 있으면 재가 관을 도움으로써 관의 힘은 더욱 커져서 자신을 극하므로 자신은 관을 두려워하게 되고, 관을 강하게 만든 것은 재가 원인이므로 결국 처를 두려워하게 된다.

일반적으로 공처가다 애처가다 하는 말은 바로 이러한 사주 구성이 되는 까닭이다. 그래서 사주 내에서 가장 먼저 월지나 월간에 인수가 있는지를 살피게 되는 것이다.

월지에 인수가 자리하고 있다면 본인이 강하게 되고 재인 처(妻)가 꼼짝을 못하게 되는 것인데, 이것은 오직 인수는 부모요, 부모는 근본이 되고, 나무로 말하자면 몸통을 말함이니, 몸통이 건강하고 근본이 있다 함은 가지가 왕성함을 뜻하게 된다. 그래서 월지·인수는 시어머니가 되므로 처가 꼼짝을 못하게 되는 것이다.

편재의 성정 – 편처를 좋아한다.

편재의 성정 사주 예

시주	일주	월주	년주	구분
戊辰	甲寅	壬戌	丁丑	사주
乙癸戊		辛丁戊		장간

이 사주는 甲寅 일주가 일지 寅木의 지지를 받아서 신왕하다. 월간에도 壬水의 지원을 받고 甲寅 일주가 천간 지지가 간여지동(干與支同)이 되어서 신강하면서도 정재와 편재가 많은 사주다. 사주 내에서 편재가 많으면 남자는 특히 여자에게 관심을 많이 보이게 되며, 사주 내에 편재가 많으면 타인에게 다정하고 주색을 좋아하므로 본처는 좋아하지 않고 첩을 좋아하는 경우이다.

이 사주는 일주가 木의 간여지동(간지동)이 되어서 결혼을 해도 부부 운이 좋지 못하여 결혼 초기에 사별 내지는 이별을 하게 되어서 편처를 두게 된다. 월지 戊土의 지장간에는 戊土가 암장되어 있고 시간에 투출이 되어서 편재격이다. 그리고 시지의 지장간에도 戊土가 있어서 편재가 많으므로 사주 운명이 편재에 의해서 좌지우지하게 된다.

가령 이러한 사주는 편재는 보기가 좋고 정재는 눈에 가시처럼 보여서 편처를 좋아하고, 더욱이 편처보다 다른 여인을 더 좋아하게 되는 사주다.

편재양부(偏財兩父) — 편처가 있다.

편재 양부 사주 예

시주	일주	월주	년주	구분
庚	壬	丙	丙	사
子	子	申	寅	주
金	水	火	火	오
水	水	金	木	행

이 사주는 壬子 일주가 丙申 월주에 태어나서 월령을 얻었고, 일지에 득지를 함으로서 신왕한 사주이다. 년간·월간에 丙火의 편재가 쌍립을 이루고 있는데 그 丙火가 년지 寅木에 지지를 받고 있다.

사주 내에서 천간에 2개의 편재가 있으면 양부가 있어서 자신을 생하게 되므로 장수하고 편처가 천간에서 활동하여 왕하므로 첩이 있게 된다.

이 사주는 壬子 일주에 양인격의 간여지동으로 천간과 지지가 모두 水로서 오행이 같다 함은 음양에 구분이 없고 남녀의 구별이 없어서 남자가 정처에게 애정이 없고 편처가 있게 되는데, 편처는 1명에 국한되지 않고 다른 여자가 많게 됨으로써 가정사가 문란하다.

일지는 월지나 시지가 申子辰 수국(水局)을 이루게 되니
신이 태왕해서 무분별하게 되고, 인심이 사리가 없어서 사
주에서 후천 운인 대운에서 강한 土운이 들어오면 水·火
의 대립을 막을 수 있으나, 사주 내에서 일간이 水·水가
대립되면 남녀관계가 문란하고 壬子는 음적(陰的)이 되어
서 풍류를 좋아하게 된다.

편재격 [신왕] – 편처의 힘이 크다.

편재격 신왕 사주 예

시주	일주	월주	년주	구분
乙 丑	甲 辰	戊 寅	壬 子	사 주
癸辛己		戊丙甲		장간

이 사주는 甲辰 일주가 戊寅 월주에 태어나서 신왕하다.
일지에 편재를 깔고 앉았고 월간에도 편재가 있어서 신왕
재왕격이 되었다.

편재격에 신왕이라면 부귀하고 횡재수가 있어서 위인이 호
협하고 인색하지 아니하나, 정재는 그렇지 않다. 편재의 근본
은 다수의 재이므로 간지에 비겁이 들어옴을 가장 꺼린다하

였으니, 신강하고 재왕하다면 관이 들어와야 알맞다.

이 사주는 월지 寅木의 지장간에 戊丙甲이 암장되어 있는데, 그 戊土가 월간에 투출이 됨으로써 편재격이 되었다. 사주 내에서 정식으로 편재가 뿌리를 내리고 격을 이룬다 함은 편재가 사주를 좌지우지하게 되는 까닭이다.

그렇게 되면 甲木 일간은 타처 내지는 편처에 의해서 사주가 좌지우지되어서 하루 속히 관이 들어와서 재성의 힘을 설기하는 것이 시급하다. 이 사주는 시지 丑土의 지장간에 辛金이 암장되어 있으므로 후천 운인 대운에서 金 운이 들어와야 운이 풀리게 된다.

편인격 - 공처가다.

편인격 사주 예

시주	일주	월주	년주	구분
甲	癸	癸	庚	사
寅	未	巳	辰	주
		戊庚丙		장간

이 사주는 癸未 일주가 월간에 癸水에 비견이 있고 년간 庚金에 정인이 있어서 신왕하다. 월지 巳火의 지장간에는

庚金이 암장되어 있고 년간에 투출이 되어서 편인격이다.

남자 사주로서 선천 운에서 편인격이 되어 정인에 의해서 생조를 받게 되어서 의지력의 약하고 항상 편인에 의해서 사주운이 흘러가게 된다.

남자 사주에서는 일지에 재를 깔고 앉아야 처복이 있게되는데, 반대로 관을 깔고 앉았으니 일지는 처이므로 처에게 꼼짝 못하게 되고 쥐어 살게 되므로 공처가이다.

癸水가 아무리 왕하다 할지라도 시주가 甲寅의 양목(陽木)에 상관인데 수생목(水生木)으로 설기를 당하고 일지에 未土마저 극을 하게 됨으로써 기력을 상실하고 회복할 수가 없어서 공처가 신세가 되었다.

처가 여자라고 큰 소리를 치다가는 조석으로 때를 굶기쉽고 癸水 일간이 제일 두려운 것은 년·월·시지에 지장간에 戊土가 암장되어 있어서 戊土는 癸水를 유혹하여 火로 변화시키려는 힘이 항상 작용을 하고 있다.

의지력이 약한 癸水는 유혹을 당할 가능성이 있어서 마음의 유동이 많아서 간사하다. 그래도 슬하에 자식이 2명이있는 사주다.

편관격 – 여자 덕이 없는 남자

편관격 사주 예

시주	일주	월주	년주	구분
壬	壬	戊	庚	사주
子	辰	辰	子	
水	水	土	金	오행
水	土	土	水	

이 사주는 壬辰 일주가 戊辰 월주에 태어나서 득령을 하였고 일지에도 辰土가 水에 창고가 되어 신왕하고 시간에 비견이 있어서 이것은 신약할 때에는 크게 도움이 된다.

그런데 신왕한 사주에서 비견이 바로 옆에 있으면 이것은 천적(天敵)이나 마찬가지이다. 본인의 일에 일일이 간섭을 하게 되고 형편이 좋아지게 되면 빼앗아가는 세력이다.

그리고 이 사주는 남자 사주가 일지에 재를 깔고 앉아야 하는데, 반대로 관을 깔고 앉았고 사주의 구성이 월지에 辰土 중에 戊土가 암장되어 있는데 월간에 투출이 되어 戊土는 일간에 壬水에게는 편관이 되어서 편관격이 되었다. 사주에서 편재격이 되어도 시원찮은데 편관격이 되었으니, 이것은 편관에 의해서 사주가 좌지우지된다는 것이다.

이 사주는 남자 사주로서 재는 火가 되는데, 사주 내에서는 재는 보이지 않고 지장간에도 고갈이 되어서 火에 씨앗이 없다.

그래서 남자 사주에서 재는 여자라 했으니 여자 복이 없다는 뜻이 된다. 여자의 복이란 쉽게 말해서 처덕이 없다는 것이다. 그리고 재물도 재에 속하게 되는데, 사주 내에 재가 없어도 사주가 신왕하면 기본적인 재물은 있게 마련이다.

甲일간 식신격 − 노처녀다.

식신격 사주 예

시주	일주	월주	년주	구분
丙 子	甲 午	戊 午	癸 卯	사 주
火 水	木 火	土 火	水 木	오 행

이 사주는 甲午 일주가 午월에 태어나서 실령을 하였고 일지에도 午火를 만났다.

월지 午火에 지장간에 丙己丁이 암장되어 있는데 그 중

丙火가 시간에 투출이 되어서 식신격이 되었다. 이 사주는 년간 癸水가 월간 戊土와 戊癸合火가 됨으로써 火가 왕하고 시지 子水는 일지 午火와 子午 충이 된다. 사주 오행이 火로 뒤덮인 격이라 어쩔 수 없이 식신·상관이 되는 火로 종(從)을 해야 하므로 종아격이 되었다. 그런데 火에 관은 水로서 여자 사주에서 관은 남자가 되는데 水에 인수가 없어서 子水의 힘만으로는 많은 火를 감당하기에 역부족이다.

거기에 子·午가 충이 되어서 일지 午火가 스스로 밀어내는 격이므로 본인이 자존심이 강하고 남자를 원치 않아서 배우자를 고를 수 없게 되었다.

여자 사주가 甲午 일주라면 일지가 남자요 남편인데 午火 자신이 너무나 왕해서 水를 받아들이지 못하게 되는 격이다. 그러나 사주의 선천 운에서 관이 약하다 할지라도 후천 운인 대운과 세운에서 金·水에 관운이 한꺼번에 들어오게 되면 결혼이 가능하게 된다.

甲木이란 큰 재목이 되어서 포부가 크고 멀리 내다보는 시야를 가졌기 때문에 학문에 뜻을 펼치게 됨으로써 결혼에 얽매이거나 하는 생각을 갖지 않게 되는 것이다.

甲일간에 관(官)이 없어서 – 노처녀이다.

甲午 일주 사주 예

시주	일주	월주	년주	구분
丙	甲	壬	癸	사
寅	午	戌	巳	주
		辛丁戊		장간

이 사주는 甲午 일주가 壬戌 월주에 태어나서 월간에 壬水를 만났어도 신약하다. 일지에 상관을 깔고 앉았고 지지가 寅午戌로 화국(火局)으로 삼합 국이 되었다.

그래서 불 위에서 나무가 얼마나 무성할까 염려가 되는 것이다. 戌土에 지장간에는 辛金이 암장되어 있는데 선천 운에서는 투출이 되지 못했다. 선천 운이란 사주팔자의 구성을 말함이다.

그런데 후천 운에서 시지에 적절히 알맞게 金 운이 들게 되면 결혼을 하여 천지의 조화의 부인을 맞이하여 음양의 조화를 이룰 수가 있는데 시기가 가장 중요하다.

그것은 하찮은 식물도 봄에 햇살이 따스할 때 꽃을 피우고 나비가 날아드는 법인데 가을이나 겨울에 추울 때 꽃이 만발한다고 해도 나비가 추워서 동계 잠에 빠져들고 없는 시기라 나무는 꽃을 찾아 들지 못하는 이치와 같다.

사주 중에서 천간인 천운이 너무나 잘 흘러서 년간에 癸水와 월간에 壬水가 수생목(水生木) → 목생화(木生火)로 생을 하게 되는데 의심스럽다. 천운이란 천간을 뜻하는데 천간은 남자요 그 기운이 가벼운지라 어찌 음(陰)으로 볼 것이며, 여자라 할 수가 없어서 관이 없는 것이다. 관이 없으니 짝이 없어서 노처녀이다.

甲일간 월간 · 겁재 – 이성관계 복잡하다.

월간 · 겁재 사주 예

시주	일주	월주	년주	장간
甲	甲	乙	甲	사
子	辰	亥	申	주
	乙癸戊	戊甲壬		장간

이 사주는 甲辰 일주가 여자 사주이다. 甲木은 천간에서도 가장 첫 번째로서 우두머리인데 보스의 기질이 매우 강하다. 그런데 甲木이 3개씩이나 천간에 있게 됨으로써 버드나무 밭을 연상시킨다.

버드나무는 키가 가장 크고 물을 가장 많이 흡수하게 된다. 그런데 지지가 申子辰의 수국(水局)의 삼합국을 이루고 있어서 나무가 한없이 자라게 되므로 밀림지대가 되었다.

　亥水의 지장간에 甲木이 암장되어 있고 천간에 甲木이 나란히 서 있게 되었는데, 辰土 지장간에 乙癸戊가 암장되어 있어서 나무가 뿌리를 내릴 조건이 가장 좋은 터라 할 수가 있다.

　辰土는 지지요 지지는 음(陰)이고 음은 여자인데, 여자는 정적이어서 가만히 있어도 뿌리를 내리게 되므로 많은 남자들이 유혹의 손길을 내밀게 되는데, 辰土는 습토가 되어서 특히 水에 창고가 되니 큰 고목나무가 뿌리를 내리게 되어서 넓은 땅은 나무가 뿌리를 내리기를 거부하지 않으니 많은 남자들이 인연이 된다.

　그렇다면 여자의 甲辰 일주가 되어서 또는 주변에 甲木이 많아서 정조를 지키지 못하고 이성관계가 복잡하다. 가령 남자 사주라도 풍류객에 불과하다.

甲일간 비견Ⅰ - 처가 정조가 없다.

甲일간 비견 사주 예

시주	일주	월주	년주	구분
乙 丑	甲 子	戊 辰	甲 寅	사 주
木 土	木 水	土 土	木 木	오 행

이 사주는 甲子 일주가 戊辰 월주에 태어나서 일지 子水와 월지 辰土가 子辰으로 수국(水局)의 반합을 이루어 신왕하다.

그런데 년간에 甲木과 일간에 甲木이 비견이다. 비견과 겁재는 신이 약할 때에는 일간을 도와주게 되지만, 일간이 왕 할 때에는 비겁으로 돌변하게 되므로 좋지 못하다. 특히 甲일간이 되어 연·월·일·시에 또 甲이 있으면 주(柱) 중에 戊己土가 없어도 그 처는 정신이 부정해서 정조를 지키지 못한다.

甲일간의 정처는 정재 己土가 되는데 주(柱) 중에 己土가 없어도 처가 있는 것으로 보고 己土는 남편이 木이 태다(太多)해서 어떤 것이 정부(正夫)임을 구별하지 못하는 양부격

(兩夫格)이 됨으로써 정조가 없다.

그리고 甲木 일간은 팔통사주라 하여 과거부터 팔자가 세다고 하였는데 그 이유는 이렇다.

사람이 한 가지만 특성이 있고 소질이 있어도 잘 타고났다고 보게 되는데, 팔통사주가 되면 여덟 가지를 모두 통달했다는 뜻으로 甲木은 오행 중에서도 우두머리로서 두령격이 되어 사주팔자를 통괄하고 지휘한다는 뜻에서 나온 말이다.

甲일간 비견Ⅱ - 처(妻)가 허약하다.

甲일간에 비견 사주 예

시주	일주	월주	년주	구분
戊	甲	甲	己	사
辰	子	寅	未	주
		戊丙甲		장간

이 사주는 甲子 일주가 甲寅 월주에 태어나서 신왕하다. 사주 내에서 큰 甲木이 2개씩이나 있는데 월지에 寅木이 있어서 신이 강하다.

寅木의 지장간에 戊土가 암장이 있는데 그 戊土가 시간에 투출이 됨으로써 편재격이 된다. 사주 내에서 甲일간에 비견이 있으면 본인의 처(妻)가 허약하다. 甲은 甲일간에 비견이요 戊土는 甲일간에 편재로서 하나의 편재가 두 개의 甲木의 극을 받게 되니 신이 허약하고 정조가 없게 된다.

그래서 甲木 일주가 되면 다처(多妻)를 거느리게 되거나 본처 또한 정조가 없어서 남에게 빼앗기는 것이다. 그래서 처가 문란하고 신의가 없게 된다. 과거부터 甲木 사주를 두고 팔통사주라 하여 술이나 마시는 주객으로 또는 한량으로 취급을 받았다.

그래서 이 사주의 구성상 어떠한 오행이 들어와도 시원하게 풀어줄 오행이 없는 것이 안타깝다. 가령 火 운이 오게 된들 설기가 얼마나 될 것이며 金 운이 들어온들 왕한 木과는 대할 바가 아니다.

甲辰 일주 – 노처녀 배우자가 없다.

관살인수격 사주 예

시주	일주	월주	년주	구분
壬申	甲辰	癸卯	壬子	사주
水金	木土	水木	水水	오행

이 사주는 여자 사주로써 甲辰 일주가 일지에 재를 깔고
앉았고 월지에 卯木이 있어서 신왕하다. 주변 오행이 전체
적으로 인수가 되어서 신이 태왕하고 일간 甲木의 관이 金
인데 시지에 申金이 申子辰의 수국(水局)으로 삼합을 이루
어서 관의 역할을 하지 못하고 인수가 태왕하므로 목국(木
局)을 이룰 필요가 없어서 관살인수격이 되었다.

관이 水에게 氣를 빼앗겨서 관이 무능하게 되었으므로
남자가 없게 된다. 선천 운에서 태어날 때 사주의 구성이
이렇게 되면 설령 후천 운에서 관운이 들어온다 해도 대운
이란 10년 단위로 들어오게 되므로 오래갈 수 없고 이 사주
의 경우에 土 운이 들게 되면 많은 水를 제거하고 약한 申
金을 도와서 재생시켜서 관의 역할을 하게 되는데, 많은 水

를 제거하려면 왕한 土 운이 계속 들어와야 하는 것이다. 그래서 설령 남자가 있다 해도 결혼을 하기 어렵고 선천적으로 남자운이 없어서 남자의 덕을 기대하기 어렵다는 것이다.

丙午 일주 간지동 – 부부 운이 없다.

월지 · 편관 사주 예

시주	일주	월주	년주	구분
庚寅	丙午	庚子	丙戌	사주
金木	火火	金水	火土	오행

이 사주는 丙午 일주로서 庚子 월주에 태어나서 실령을 하였으나 년간 丙火 비견의 후원으로 신왕하고 월간은 편재요 월지는 편관으로 편재와 편관이 동궁이 되었다 함은 부친(父親)과 인연이 없고 편재와 편관이 모두 호색하여 여자로 인해서 재산을 탕진하게 된다.

일지 午火는 시지 寅木의 후원을 받아서 지지가 寅午 화국의 반합을 이루고 있고 월지 子水는 월간 庚金이 금생수

(金生水)한다 해도 지지 합보다는 미약하게 되어서 子가 멀리 물러나게 되므로 어머니가 조사(早死)한다.

　더구나 이 사주는 丙午 일주가 양인격에 간여지동이 되어서 호색은 물론이요, 결혼 운이 매우 희박하다. 결혼을 한다 해도 일간이 천간과 지지가 같은 火가 되어서 두 오행이 양(陽)적이어서 음양의 구분이 없어서 처가 남자를 멸시하고 존경하지 않아서 남자는 정처를 꺼려한다.

　모든 만물은 음과 양이 있어서 서로 짝을 짓게 된다. 인간은 여자와 남자가 있고 동물과 식물도 암컷과 수컷이 구분이 되는데, 하물며 사람이 남녀가 혼합되어서 구분이 없다면 이것은 자기밖에 몰라서 결혼생활이 순조롭지 못하게 되는 것이다.

축미충(丑未沖) – 부인이 산액이 있다.

월상 편인격 사주 예

시주	일주	월주	년주	구분
丁 丑	乙 未	癸 丑	丁 亥	사 주
火 土	木 土	水 土	火 水	오 행

이 사주는 乙未 일주가 癸丑 월주에 태어나서 일지와 월지가 丑未충이다. 일간이 득령을 하지 못하여 癸水의 도움으로 겨우 연명을 하고 있는데, 지지가 충을 하게 됨으로써 정신적으로 산만하고 안정성이 없어서 불안하다.

일지 未土가 편재인데 재(財)를 충을 하게 됨으로써 재산은 산산조각으로 흩어지게 되는 것이다. 그리고 丑土가 편재인데 未土도 편재가 되어서 편재끼리 충을 하게 되어 처가 산액으로 사망하게 되고 서너 차례 장가를 들게 된다.

사주 내에서 丑未가 왕하면 무식하고, 金 일주에 火가 왕하면 식모살이이고, 金이 강하고 木이 약하면 노점상이고, 金이 약하고 火가 없으면 목공 또는 토역장이며, 水·土가 혼합하여 중탁하면 농부이다.

비견·겁재 – 노총각이다.

비견·겁재 사주 예

시주	일주	월주	년주	구분
乙卯	戊午	丙戌	己未	사주
木木	土火	火土	土土	오행

이 사주는 戊午 일주가 丙戌 월주에 태어나서 신왕한데 비견과 비겁이 왕하다. 신왕하다면 재가 있어야 할 텐데, 사주 내에 재가 없다. 남자 사주에서 재(財)가 재물과 여자인데 재인 水가 고갈이 되어서 여자가 없다.

실제 노총각으로 50세가 넘도록 홀로 사는 사주다. 사주 내에서 水가 없다 함은 사주가 건조하여 성격이 메마르고 조급하다.

이 사주는 지지가 午戌 화국(火局)의 반합이요 卯未가 목국(木局)의 반합이 되어서 목생화(木生火)··화생토(火生土)로 흘렀으나 사주 내에서 金이 없으므로 土에서 氣가 차단이 되었으므로 자녀를 얻기 어렵고 지지가 합이 많아서 여자가 있어도 도망을 가게 된다. 사주 내에서 연·월이 일·시와 합해서 다시 충이 되면 여자는 침술사며 연·월이 시·일을 충해서 다시 합이 되면 남자는 백정이다.

진술축미(辰戌丑未) - 부부간에 힘 겨룬다.

辰戌丑未 사주 예

시주	일주	월주	년주	구분
癸	戊	辛	庚	사
丑	辰	未	戌	주
水	土	金	金	오
土	土	土	土	행

　이 사주는 戊辰 일주가 辛未 월주에 태어나서 지지가 辰戌丑未가 되었다. 사주 내에서 辰戌이 丑未를 만나면 여자 사주에서는 크게 꺼린다.

　이 사주는 戊辰 일주가 辛未 월주에 태어나서 득령을 하였고, 일지에 辰土가 비견이 되어서 신왕하다. 일주가 戊辰이면 비견으로 간여지동이 되어서 이것은 남녀구분이 없고, 지지가 여자인데 남자를 대접하지 않음으로써 부부간에 힘 겨루기가 일쑤여서 매일 싸우게 된다.

　서로가 양보심이 없어서 끝내는 헤어지게 되는 것이다. 그리고 사주 내에서 전체적으로 土가 되어서 토생금(土生金)에서 오행이 절단이 되어서 사주가 단조로우니 크게 발전성이 없고, 사주가 전체적으로 충이 된다 함은 정신적으로 육체적으로 안정을 찾지 못하여 매사에 우왕좌왕하게 된다. 辰戌丑未가 혹 남자 사주라면 간혹 구성이 좋으면 아주 귀격이 되는 경우가 있으나, 지지 충은 여간해서는 조화가 어려워서 충이 없는 것이 가장 길하다.

불빈즉요(不貧則夭) - 공처가이다.

편재격 사주 예

시주	일주	월주	년주	구분
丙 午	壬 寅	甲 午	丙 申	사 주
火 火	水 木	木 火	火 金	오 행

이 사주는 壬寅 일주가 甲午 월주에 태어나서 실령을 하였고 일지에도 寅木의 식신을 만나서 신약하다. 사주 내에서 재가 많고 인수가 적고 신약하면 학문은 할 수 있어도 고생을 하게 된다.

재다신약하면 불빈즉요(不貧則夭)로서 고생이요, 인수가 적으면 신을 생하지 못하지만 인수는 학문을 주관하는 신으로 학문을 하게 된다.

신약하고 재가 많으면 처의 말에 복종하게 된다. 그러나 후천 운인 대운과 세운에서 인수가 들어오게 되면 재다신약 사주는 하루아침에 일확천금을 벌어들여서 크게 발복하게 된다.

그러나 대운이 지나가면 돈과 재물과 여자는 물위에 거품처럼 사라지게 된다. 그리고 재와 식신이 많다 함은 장가를 여러 번 가게 되고 식신이 많다 함은 배다른 자식을 두게 되는데 특히 딸이 많게 된다.

관왕재왕(官旺財旺) - 재혼이다.

시상상관격 사주 예

시주	일주	월주	년주	구분
丁卯	甲子	庚午	己丑	사주
火木	木水	金火	土土	오행

이 사주는 甲子 일주가 庚午 월주에 태어나서 득령을 하지 못했으나 일지에 득지를 했고 甲木이 월간에 庚金을 만나서 관왕하고 재왕하게 되었다.

사주에서 甲子일과 庚午일을 목욕이라 하니 甲에 양목(陽木)은 子가 목욕이요 庚에 양금(陽金)은 午가 목욕이다.

남자 사주에서 목욕살은 음란하고 바람기가 다분하여 다처(多妻)하게 되고 여자 사주 내에서 왕재(旺財)가 관을 생하면 남편의 권세를 박탈한다.

여자 사주가 甲일간이라면 재가 土이다. 土가 金에 관을 생해서 관왕(官旺)이 되면 이것은 남편의 성정이 어지럽게 되고 남편을 과잉보호하게 되어서 태만하게 되는 것이어서 권세가 틀어지게 되고 사회에서 출세 길이 막히는 것을 의미한다. 甲木 일간에 여자는 사회에서 활동 범위가 매우 넓어서 팔통사주라 하게 된다.

癸 일간에 戊가 정관이 되면 두령격이고 만약 亥酉가 지지 중에 있으면 사통하고 사주에서 일시에 辰戌이 상충하면 첩으로 과부가 되고 자식이 출세하지 못한다. 이 사주는 여자 사주로서 甲木의 일간을 子水가 생하고 午火는 庚金의 관을 극해서 관도 보통관이 아닌 편관마저 극을 한다면 정관은 있을 수가 없어서 재혼을 해도 실패하게 된다.

관살혼잡 - 부부가 불화하고 음탕하다.

관살혼잡 사주 예

시주	일주	월주	년주	구분
乙卯	癸巳	庚辰	辛丑	사주
木木	水火	金土	金土	오행

이 사주는 癸巳 일주가 庚辰 월주에 태어나서 득령하지 못하고 득지하지 못하여 신약한 사주이다. 관살이 많아서 관살혼잡이 되었다.

년지에 편관과 월지에 정관 그리고 일지에 정재를 비롯해서 편관이 다툼을 하고 있으니 여자로서 일부종사를 할 수가 없는 사주다.

여명에서 관살혼잡이면 부부가 불화하고 음탕하며 다른 남자가 많고 남명에서 정재와 편재가 혼잡하여 관살혼잡이 되면 부부가 서로 불화하다. 여명에서 식신이 시주에 있다 함은 딸이 많고 아들이 적다는 뜻으로써 아들이 있다하더라도 시지 卯木의 지장간에 甲木이 갇혀 있어서 제대로 행세를 할 수 없게 된다.

관살혼잡 - 남편을 극한다.

년상정관격 사주 예

시주	일주	월주	년주	구분
癸	辛	乙	丙	사
巳	丑	巳	申	주
	癸辛己	戊庚丙		장간

이 사주는 辛丑 일주가 乙巳 월주에 태어나서 신약하다. 편관과 정관이 왕하여 관살이 혼잡하다. 여자 사주에서 관살이 혼잡하면 남편의 성정이 일정하지 못하다.

월지 巳火에 지장간에는 丙火가 암장되어 있고 그 丙火가 년간에 투출이 되어서 정관격이다.

그런데 일지 丑土의 지장간에는 辛金이 암장되어 있어서 그 辛金이 일간에 투출이 되어서 정관과 정재가 분명한데, 정관인 丙火와 辛金은 丙辛合水가 되어서 관이 어지럽게 되고, 일간이 본래의 신분을 버리고 다른 신으로 가게 됨으로써 일지와 월지에 신용을 잃게 된다.

그리고 辛金으로 있을 때보다 合水로 가게 됨으로써 오히려 사주운이 좋지 못하게 되니, 이것은 오직 마음이 간교하고 가볍고 관운이 없어서 남편의 덕이 없는 것이다.

관살이 손상이 되고 식상에 손상이 없으면 남편이 상하고 자식은 왕해서 자식이 힘이 많고 식상이 손상되고 관살이 손상되지 아니하면 남편은 왕성하나 자녀는 상해서 자녀에 운이 없다.

재관생(財官生) – 처자와 인연이 없다.

편관격 사주 예

시주	일주	월주	년주	구분
乙 丑	己 亥	乙 卯	戊 午	사 주
木 土	土 水	木 木	土 火	오 행

이 사주는 己土 일간에 일지 亥水가 정재이다. 월주 乙卯에게 亥水가 수생목(水生木)을 하게 되어 재가 관을 생한다. 이렇게 되면 처는 남편 덕이 없고 남편은 처덕이 없고, 재로 부모를 봉양하는데 재가 없어서 부모와 처자와의 인연이 멀어지게 된다.

그리고 월주는 부모 궁으로 편관이 되어서 부모덕이 없다.

그래서 己土 일간이 나약하고 년간에 戊午가 있어도 월

주가 가로막고 있어서 일간까지 氣가 미치기에 미약하게
되므로 조상이 물려준 가업을 부모가 탕진하게 되고 자신
은 조상의 뒷바라지를 하게 된다.

  정재가 절(絶)에 있으면 부모와 처자식과의 인연이 박하
고 남자는 처덕이 없고, 여자는 남편 덕이 없으며 월령이
관이 되어서 단절이 되면 과부나 홀아비로서 가난하게 되
고 정재가 묘(墓)에 있으면 처가 해(害)를 만난다.

합이 많은 사주 – 만혼 · 재혼이다.

정재격 사주 예

시주	일주	월주	년주	구분
庚戌	壬子	丁未	丁亥	사주

72	62	52	42	32	22	12	2
乙卯	甲寅	癸丑	壬子	辛亥	庚戌	己酉	戊申

  이 사주는 여명으로서 천간에 丁壬合木, 丁壬合木하여 식
신으로 변절이 되었다. 여자 사주에서 합이 많다 함은 대부
분 만혼이나 재혼을 뜻한다.

지지의 합은 여자의 움직임을 뜻하게 되고 천간 합은 남자의 행동을 알 수 있어서 천간 합이냐 지지 합이냐를 두고 하나하나 열거하게 되면 부부 운과 사생활까지 알 수가 있다.

이 사주는 25세 이후에 세운(歲運)인 未土에 정관 운에서 재가로 결혼을 하게 되었다. 이 사주는 合木으로 식신이 되므로 32세 대운 辛金 운이 壬水에 인수가 되어서 壬水가 왕해지는 까닭이다.

그러나 亥운에서는 亥水 지장간에 甲木이 암장되어 있어서 亥未 반합과 동행하게 됨으로써 재차 헤어지게 되는 사주다.

사주가 이토록 합이 많으면 변화의 여지가 많아서 일생이 파란만장하게 된다. 그리고 오행에서 합이란 타인과 잘 어울린다는 뜻인데, 여자가 남자들과 잘 어울리게 되어서 한 몸이 된다 함은 불길한 징조가 예고되는 것이다.

제4장 관(官)

년상 편관 – 조상을 파하다.

년상 편관 사주 예

시주	일주	월주	년주	구분
庚 寅	丙 子	戊 戌	壬 子	사 주
戊丙甲				장간

이 사주는 丙子 일주가 戊戌 월주에 태어나서 실령을 하였고, 일지에 정관을 만남으로써 신약하다. 사주가 壬子年, 寅時生이 되면 불빈즉요(不貧則夭)로 가난하지 않으면 요사(夭死)한다.

寅木의 지장간에 丙火를 연상에 있는 水가 극함으로써 조상의 궁을 격파하고 寅木에 지장간에 戊土가 연상에 水를 격파해서 서로 공격하므로 가난하지 않으면 요사한다.

부모 궁과 조상 궁이 서로 격파함으로써 세력을 보전하

지 못한다. 연·월이 상충하면 조상을 파하고, 반대로 연·월에 재관(財官)이 있고 신왕하면 부모가 현달하며, 연·월에 재관이 있고 인수를 만나면 부귀가에 태생이고, 연·월의 관성(官星)은 조년에 영귀하고 시·일의 정관은 만년에 귀하다.

이 사주는 년주가 壬子로서 水가 쌍립을 이루게 되었고 월주가 戊戌土가 쌍립을 이루게 됨으로써 조상궁을 부모가 파하는 격이어서 부전자전이 아닐 수 없다.

거관유살(去官留殺) - 유익한 신이다.

거관유살 사주 예

시주	일주	월주	년주	구분
丁	庚	丙	壬	사
丑	申	午	子	주
火	金	火	水	오
土	金	火	水	행

이 사주는 庚申 일주가 丙午 월주에 태어나서 득령하지 못하였으나 일지에 득지를 하였다. 그런데 년지와 월지가 칠살이요 년간과 월간이 칠살이 되어서 관살혼잡이 되었다.

사주 중에 정관이 있고 여기에 또 칠살이 있으면 이것을
관살혼잡이라 해서 흉하다. 그러므로 그 중에서 일간에 유
익한 신을 하나만 남기고 억제해서 없애야 하므로 정관이
일주에 유익하면 정관을 남기고 칠살을 쳐서 없애는 것을
거관유살(去官留殺)이라 하고 칠살이 일주에 유익하면 칠
살을 남기고 정관을 쳐서 없애는 것을 거살유관(去殺留官)
이라 한다.

그런데 이 사주는 庚申 일주가 년주에 壬子水를 생조하
게 됨으로써 壬子水가 절대적으로 우세하고 일지 申金이
년지 子水와 申子 수국(水局)의 반합이 되어서 월지 午火를
제압하게 되므로 관살이 제거가 되어서 거관유살이 된 사
주이다.

관불리신격(官不離身格) − 관직을 얻는다.

관불리신격 사주 예

시주	일주	월주	년주	구분
丁	辛	庚	甲	사주
酉	丑	午	午	
庚 辛	癸辛己			장간

이 사주는 辛丑 일주가 庚午 월주에 태어나서 실령을 하였으나, 일지 丑土를 만나서 득지를 하였고 월간에 비겁이 있어서 신약할 때 도움이 될 수 있다.

시지의 酉金이 일간에 녹이 된다. 시가 일주의 녹이 되면 관성이 없어도 벼슬을 하게 되는데, 녹은 식록(食祿)도 되고 관록(官祿)도 되어서 시에 녹이 있으면 평생에 관불리신격(官不離身格)으로 벼슬을 하는 사주로서 다른 주에 관이 없어도 무방하다.

일지 丑土에는 癸辛己가 암장되어 있고 시지 酉金에는 庚辛이 암장되어 있어서 辛金 일간이 왕하고 월지와 년지의 午火의 편관이 왕하다.

일간이 왕하면 양인이 좋지 않으나 일간이 무력하면 시에 양인이 있어도 흉이 되지 않는다.

水·火 가상관 – 관왕해야 한다.

정재격 가상관 사주

시주	일주	월주	년주	구분
丙戌	乙未	戊寅	壬子	사주
辛丁戊		戊丙甲		장간

이 사주는 乙未 일주가 寅월에 태어나서 월지 寅木 지장
간에 丙火가 암장되어 있고 시간에 투출이 되어서 상관격
의 사주다.

　그러나 甲乙木 일주가 정월생으로 火가 상관이 되면 火
는 허하고 木은 실해서 허한 火가 설기해도 木의 성정이 소
실되지 않고 년주가 壬子水가 간여지동이 되어서 木을 생
해 주고 있다.

　거기에 木旺 운을 만나면 火 상관은 힘이 더욱 없어 木의
정기를 더 이상 설기하지 못하므로 이 때에는 金이 들어와
木을 다듬어 일으켜야 비로소 木・火 상관이 발달하게 된다.

　그러나 旺木을 상대하는 金은 역시 旺金이라야 木의 상
대가 되므로 쇠약하면 상대가 안 된다. 이 사주는 사주 내
에서 투출된 金이 없으니 시지에 戌土 중에 辛金이 있어서
이를 용신으로 하게 되면 대운이나 세운에서 金 운에 발복
하게 된다. 시지에 辛金이 암장되어서 뿌리를 하고 있다 함
은 말년 운이 좋다는 것을 암시하고 있다.

水・火 진상관 – 관(官)을 두려워한다.

시상·상관격 진상관 사주 예

사주	일주	월주	년주	구분
丁 卯	甲 子	戊 午	壬 子	사 주
		丙己丁		장간

이 사주는 甲子 일주가 午월에 태어나서 午火의 지장간에 丁火가 투출이 되었다. 그러나 甲乙木 일주가 巳午월에 생해서 火가 상관이 되면 불이 타는 火의 상관이 약한 木氣를 과하게 설기해서 木이 감당하지 못할 정도로 쇠해졌으니 거기에 庚辛金의 관이 또 木을 극하면 위험하므로 진상관은 관을 두려워한다.

그러나 일주가 왕하고 상관이 많으면 일주가 관의 극을 감당할 수 있고, 상관이 또 관살을 극해서 일주의 사용물이 되어서 부귀하게 되니 요는 진상관도 일주가 왕하면 관을 두려워할 것이 없다는 뜻이다. 그래서 이 사주는 일지가 子水의 정인이요 년주가 壬子水가 양수(陽水)가 되어서 木이 태왕하므로 상관격을 이루는 것이 당연하다.

그리고 일지와 월지가 子午 충이 되어서 월지에 午火는

양쪽에서 子水가 충을 하게 됨으로써 더 이상 버틸 수 없으
므로 월지는 모친의 궁으로 모친이 사망하게 된다. 그래서
이 사주의 주인공은 초년기에 부모와 사별을 하게 된다.

水 · 木 상관격 – 재관(財官)을 따른다.

시상 상관격 사주 예

시주	일주	월주	년주	구분
乙	壬	己	辛	사
巳	子	卯	亥	주
		甲 乙		장간

이 사주는 壬子 일주가 己卯 월주에 태어나서 卯木의 지
장간 중에 乙木이 시간에 투출이 됨으로써 상관격이다. 그
러나 水일간에 卯월생으로 木이 상관이 되면 상관의 木이
월령을 만나서 왕하고 水는 쇠해서 水의 정기를 설기하므
로 이때에는 상관을 약화시키기 위해서 재가 필요하고 관
이 되는 土가 필요하다.

이 사주는 시지에 巳火가 있으니 巳火를 용신으로 하게
되면 火는 水의 재가 되고 乙木 상관에 기운을 설기함으로
써 사주의 운기를 바로잡을 수가 있다.

그런데 이 사주는 壬子 일주가 천간 지지가 모두 흐르는 물이라서 부부가 화합하고 단란한 가정을 이루려면 노년에 가서야 가능하다.

水는 정처 없이 흘러서 과거에는 길거리를 헤매는 행상인이 壬子水가 많았고 현대 사회라고 해서 크게 달라질 것이 없다.

움직이지 않으면 수확이 없다. 그것은 물도 바다에 도달하면 안정이 되는 것으로 노년에 가서야 안정을 되찾게 된다.

甲일간에 관운이 없다.

甲木 일간 사주 예

시주	일주	월주	년주	구분
戊辰	甲午	乙卯	乙未	사주
土土	木火	木木	木土	오행

이 사주는 甲午 일주가 乙卯 월주에 태어나서 월령을 하였고 일지에 午火를 만나서 신왕하다. 월지에 卯木 중에 乙木이 월간에 투출이 되므로 겁재격의 사주이다.

겁재격이 시간에 인수를 얻었고 시지에 水의 고(庫)에 착근하였으므로 水가 왕하고 일간이 강하며 왕한 일지의 火氣를 설기하므로 좋다.

　그러나 사주 내에서 관성인 金이 없다. 사주가 일간이 신왕하고 인수가 있는데 관성이 없으므로 대운에서 관운(官運)이 들어와도 관성에 뿌리가 없음으로써 벼슬을 할 기회가 없게 되고, 따라서 발복을 크게 기대할 수가 없는 사주다.

甲일간에 辛官은 영화의 명이다.

甲日, 辛官 사주 예

시주	일주	월주	년주	구분
丙	甲	癸	辛	사
寅	子	未	巳	주
火	木	水	金	오
木	水	土	火	행

　이 사주는 甲子 일주가 癸未 월주에 태어나서 득령하지 못했으나 일지에 정인을 만나서 신강하다. 년간에 辛金의 정관을 만나서 귀한 관으로 쓰이게 되는 사주이다. 그래서 甲日, 辛官은 영화의 명이다.

　甲일간에 辛金이 정관이 되고 타 간에 관살이 없으면 영화하게 되는데, 甲木은 춘목(春木)으로서 생장을 주로하고 辛金은 추금(秋金)으로 숙살(肅殺)을 주해서 관을 살벌하는 지위를 잡으므로 격이 제대로 갖추어져서 영귀하다.

일지 子水의 인수가 수생목(水生木)으로서 일간을 돕고 일간은 시간의 丙火를 생조함으로써 자녀의 운이 잘 풀리게 된다.

癸일간에 癸時에 亥丑이 들면 관직이다.

癸日, 癸時生 사주 예

시주	일주	월주	년주	구분
癸 丑	癸 丑	乙 亥	甲 申	사 주
	癸辛己	戊甲壬	戊壬庚	장간

이 사주는 癸丑 일주가 乙亥 월주에 태어나서 월지에 득령을 했다. 그리고 일지에 丑土 또한 亥丑에 水에 방합으로서 득지했다. 시주도 癸丑이 되어서 신왕하다.

사주에서 癸日, 癸時生이 亥丑을 겸하면 급제한다. 癸日, 癸時에 亥丑이 들면 丑土에 지장간에 辛金은 인수요, 己土는 관성으로 관과 인수가 겸해서 벼슬을 하게 되는 것이다.

사주가 북방(北方)의 수국으로 구성이 되어서 火 운이 들어오면 운이 풀리게 되는데, 월지 亥水의 지장간에 甲木이 년간에 투출이 되어서 정인격이다.

그러나 정인·편인이 약하고 재성인 火 오행이 끊기게 되어서 대운에서 火 운이 들어온다 하더라도 크게 발복을 기대할 수 없다.

壬일간에 壬時生이 주 중에 壬辰을 겸하면 관직을 얻는다.

壬일간에 壬시생 사주 예

시주	일주	월주	년주	구분
壬 寅	壬 午	壬 辰	甲 申	사 주
		乙癸戊		장간

이 사주는 壬午 일주가 壬辰 월주에 태어나서 월지에 辰土는 水에 창고가 되어서 득령을 하였으나 일지에 午火인 재성을 깔고 앉게 되었다.

壬日, 壬時가 타 간(干)에 壬이 또 있으면 순수(純水)요, 辰 중에 癸가 있어서 사주가 모두 水요, 辰土에 지장간에 戊土는 관이요 乙木은 상관으로 관에 녹까지 겸해서 귀하고 壬日, 壬時生이 주 중에 壬辰을 겸하면 관직을 얻게 된다. 이 사주는 년간에 甲木이 시지 寅木에 뿌리를 하고 있어서 식신이 강하다. 신왕한데 비해서 관성인 土가 약하여 범람의 우려가 있으나 壬水가 三位에 쌍립이 되므로 귀하게 보는 사주 구성이다.

정관의 희기(喜忌)

정관의 희기 사주

시주	일주	월주	년주	구분
己巳	甲寅	壬子	丙辰	사주
土火	木木	水水	火土	오행

이 사주는 甲寅 일주가 壬子 월주에 태어나서 신왕하고 甲寅 일주가 양인격의 간지동이고 신이 태왕함으로써 감독할 오행이 필요한데 사주 내에 관이 없다.

일주가 강하고 재성이 약하면 정관이 용신관이라야 재를 생하게 된다. 그러나 일주가 약하고 재가 많으면 정관을 꺼리게 된다.

신강에 인수가 많으면 태왕하므로 관성으로서 설기를 해야 하고 관성이라야 인수를 생하게 되므로 신강하고 인수가 약하면 정관이 용신이다. 그러나 신약하고 인수가 강하면 정관을 꺼린다. 관이 있으면 식신과 재가 있어서 양편으로 견제를 해야 함이다.

정관격 – 관재구설수 있다.

정관격 사주 예

시주	일주	월주	년주	구분
壬 申	甲 戌	辛 丑	癸 巳	사 주
	辛丁戊	癸辛己		장간

이 사주는 甲戌 일주가 癸丑 월주에 태어나서 월령을 얻지 못했고 월지 丑土의 지장간에 辛金이 월간에 투출이 되어서 정관격이 되었다. 그리고 시간에 壬水가 일간에게 수생목(水生木)으로 생해 주고 있으나 신강하지 못하다.

사주가 신강하여 정관격이 되었다면 관운이 있어서 벼슬을 하게 되고 명예 또한 높게 되는데, 이 사주는 甲戌 일주가 일지 戌土 중에는 辛丁戊가 있어서 뿌리를 깊이 박지 못

하므로 공처가에 불과하다. 그것은 辛金이 월간에 투출이
되어서 정관 辛金이 기세가 강하기 때문이다.

그리고 남자 사주가 재를 깔고 앉게 되면 처 운이 있어서
현모양처를 얻게 된다지만, 이 사주는 여자와 사귈만 하면
관재구설수를 동반하게 되는 사주로 일생 고난을 겪게 된다.

상관 · 식신격 – 정관을 만나면 흉하다.

시상 · 식신격 사주 예

시주	일주	월주	년주	구분
己	丙	乙	丙	사주
丑	辰	未	戌	
		丁乙己		장간

이 사주는 丙辰 일주에 월지 未土의 지장간 중에 己土가
시간에 투출이 되어서 상관격이다. 사주 내에서 상관과 식
신은 모두 자신의 혈기를 설기하는 신(神)이요, 특히 상관
은 관을 상해(傷害)하는 신이여서 상관격은 정관을 만나면
안 되고 만일 상관이 정관을 만나면 흉하다.

그러므로 사주 내에서 상관이 적으면 좋고 상관이 많으면
자신이 혈기를 태과하게 설기함으로써 불길하다. 그러나 상

관이 근본이 있고 주 중에 정관이 없어서 형·충·파·해 등의 병이 없음을 상관상진이라 하여서 길격으로 본다.

일간이 왕하고 주 중에 상관이 많으면 별반 해가 없지만, 일간이 쇠약하고 주 중에 상관이 중첩하면 인수를 사용해서 상관을 파(破)한다.

시상·상관격 – 소송을 잘 한다.

시상·상관격 사주 예

시주	일주	월주	년주	구분
己	丙	甲	辛	사주
丑	戌	午	未	
癸辛己	辛丁戊	丙己丁		장간

이 사주는 丙戌 일주가 甲午 월주에 태어나서 득령을 하여 신왕하고 시주가 己丑土가 되어서 상관격이다. 월지 午火 중에는 己土가 있고 시간에 투출이 되어서 상관의 힘이 막대하다.

상관격은 재주가 많고 재주가 많으면 거만하게 되고 남을 멸시하고 세상 사람이 모두 자기만 못한 줄 알아서 타인에게 증오감을 사게 되어 비방을 듣게 되므로 소송을 잘하게 된다.

상관이 많고 주 중에 정관이 없는 사람은 관골(광대뼈)이 높고 장대하고 기술에 능하나 재물이 없다. 이 사주는 년간에 辛金에 정재가 투출이 되었고, 일지와 시지에 뿌리를 하고 있으므로 조부에게 물려받은 유산으로 가업을 이어가게 된다.

일지와 시지에 정재인 辛金이 암장되어 있어서 처가 현모양처이다. 그리고 일간이 丙火가 되어서 일지에 土를 생하게 되어서 부부 운이 좋다. 그러나 년간에 辛金이 일지 시지에 뿌리를 하고 있어서 첩을 두게 되는 사주다.

시상 · 편관격 – 고위관직이다.

시상 · 편관격 사주 예

시주	일주	월주	년주	구분
丁	辛	戊	甲	사
酉	酉	午	子	주
火	金	土	木	오
金	金	火	水	행

이 사주는 辛酉 일주가 戊午 월주에 태어나서 월지 · 편

관을 만났다. 월지에 편관이 있고 년간에 甲木이 있어서 이 편관에 기운을 더욱 왕하게 만들고 있다.

이 때에는 식신·상관인 水가 있어서 관을 제압하고 인수인 土가 편관을 제복해야 한다. 사주 내에 정관이 들어 있으면 상관을 기용해서 정관을 누르고 억제함으로써 상관이 용신이 되었는데, 칠살이 들어 있으면 상관을 기용해서 칠살을 제압하는 것이므로 이러한 격은 모두 귀명으로서 귀한 관직을 얻게 된다.

그러나 관살혼잡하면 흉명으로 관직에서 물러난다 함은 관살을 도와주는 것은 식신·상관이요 관살을 물러나게 하는 것은 인수이니 사주에 인수의 도움이나 식신·상관의 억제가 전혀 없게 되면 관살이 마음대로 횡포를 부려서 자신을 구하지 못함으로 흉명이 되는 것이다.

이 사주는 년지 子水가 월지 午火와 칠살이 됨으로써 좋지 못하다. 그래도 왕한 金의 기운을 설기할 수 있는 오행은 子水 밖에 없어서 子水가 용신이 된다.

• **편관의 성질**

편관은 일명 칠살(七殺)이라 하여 천간 또는 지지를 세어서 제7번째의 간지를 충파하므로 그 이름을 갖게 된 것이다.

정관은 인덕을 갖춘 군자요 편관은 흉포하고 간험한 소

인이어서 인의와 예법이 없고 살성을 좋아하는 신이다. 그
러나 이 신을 억압해서 사용하지 않게 되면 화가 따르고 제
복해서 잘 사용하면 복이 따르니 이 신을 제복하는 신은 식
신과 상관이다.

편관·칠살은 지혜와 용맹이 있는 신으로서 상관과 식신
이 잘 조절해서 합살(合殺)이 되거나 제살(制殺)이 되면 대
부대귀(大富大貴)하고 너무 태과하게 억압하면 강제에 눌
려서 그 재주를 발휘하지 못함이다.

시상편재(時上偏財) - 송사가 잦다.

시상편재 사주 예

시주	일주	월주	년주	구분
丙	壬	庚	癸	사
午	寅	子	未	주
火	水	金	水	오
火	木	水	土	행

이 사주는 壬寅 일주가 월지 子水를 만나서 신왕하다. 시
간에 편재가 있는데 3干 중에 겁재·비견이 있으면 가산이
탕진하고 상처(喪妻)하며 비겁운을 만나면 남은 재물까지

모두 없어지고 감옥살이까지 하게 된다. 시상 편재로서 시간에 편재가 투출되면 길격이나 비겁은 재의 칠살이 되므로 干에 나와서 움직이게 됨으로써 물려받은 재산을 탕진하게 되고, 재는 처첩이므로 처와 첩을 극하게 되고 말년에는 재물로 인하여 옥고까지 겪게 된다. 그래서 시상 편재는 형제가 제일 무섭다고 하였으니, 이 사주는 신왕하고 재왕하게 되어 꺼릴 것이 없어 보이나, 월지와 년간에 비겁이 버티고 있으므로 욕심이 생기게 되어서 재물로 인해 시비와 재판이 있게 된다.

제5장 부귀

년간 편인 – 합이 많으면 길명이다.

년간 편인격 사주 예

시주	일주	월주	년주	구분
癸 卯	壬 午	辛 巳	庚 戌	사 주
水 木	水 火	金 火	金 土	오 행

　이 사주는 壬午 일주가 辛巳 월주에 태어나서 월간 辛金이 정인이요 월지 巳火 중에는 庚金이 암장되어 있는데, 년간에 투출이 되어서 일간으로서는 편인과 정인이 나란히 통변 역할을 해주게 되므로 신왕하다.

　그리고 일지 午火는 정재가 되어서 기쁜 일인데, 년지와 午戌의 반합을 이루고 있어서 길명이 된다. 무엇보다 신상이 편안하고 수명은 장수하고 복을 누리는 데에는 사주 내에서 충이나 기타 살이 없는 것이 중요하다.

그런데 이 사주는 巳午의 방합에서 반합이요 午戌의 화국의 반합이요 火는 壬水의 재가 되어서 길명이다. 재는 재물이고 처를 뜻하게 되어서 처덕도 있게 된다. 이것은 오직 일간에 강함을 원칙으로 한다. 만약 일간이 약하면 재성이 관에 역할까지 감당하게 되어서 불리하다.

년상 상관 – 총명하나 가난하다.

년상 상관격 사주 예

시주	일주	월주	년주	구분
辛	甲	壬	丁	사
未	寅	午	丑	주
		丙己丁		장간

이 사주는 甲寅 일주인데 午월에 태어나서 午 중에 丁火가 암장되어 년간에 투출이 되었으므로 상관격이다. 상관이 관을 만나면 재앙이 생기고 재와 인수가 들어와야 비로소 재앙이 풀어진다.

가령 甲일간에 午월에 생해서 년간에 丁火가 동하고 주중에 관살이 현로하고 세운에도 관살이 나타나면 이것은

火의 진상관으로 염화(炎火)가 몇 개씩 있게 됨으로써 쇠한 甲일간이 감당하지 못하여 극도로 쇠약한 처지에 관살이 또 투출해서 동하고 세운에 또 관살이 있으면 무도한 상관을 관이 그대로 두지 않게 되므로 결국 허약한 신이 불행을 만나게 됨이다.

그러나 이 때에 재가 들어오면 상관의 氣는 설기가 되고 인수가 들어오면 약한 몸이 왕해서 자연히 흉이 길(吉)이 되어서 상관이 인수를 만나면 극귀하다.

상관이 재가 없으면 믿을 곳이 없고 위인은 총명해도 가난하다. 그런데 이 사주는 丑土와 未土가 재로서 재끼리 충이 되이서 재가 있어도 깨어지게 되어 재물운은 물론 처운도 기대할 수 없다.

년상 상관격 – 왕상 운에 흉하다.

년상 상관격 사주 예

시주	일주	월주	년주	구분
丙寅	甲寅	壬戌	丁丑	사주
	戊丙甲	辛丁戊		장간

이 사주는 甲寅 일주가 연간에 丁火가 상관으로 가령 甲일간에 火 상관은 寅木의 지장간에 丙火가 암장되어 있어서 火에 火를 가하므로 상관이 가중해서 사망하고 乙일간에 火 상관은 戌이 장(葬)이 됨으로써 사망이다.

년상 상관이 주 중에 있어서 왕함은 삼합 상관이 있어서 태왕하고 土인 재가 없으면 왕상운이 되어 일주의 氣가 대설함으로 인해서 극흉하다. 주 중에 있는 상관이 왕하면 왕상(旺相)운에 흉하다. 사주가 상관격이 되었을 때에는 상관에 의해서 사주의 기운이 끌려가게 된다는 것이다.

월간 · 비견 — 가난하다.

편인격 사주 예

시주	일주	월주	년주	구분
庚	壬	壬	甲	사
子	申	申	戌	주
金	水	水	木	오
水	金	金	土	행

이 사주는 壬申 일주가 壬申 월주에 태어나서 월지에 득령을 했고 일지에도 득지하여 신강하다. 사주에서 신이 태

왕한데 재가 없다. 재가 없다 함은 재물이 없음을 뜻하고 남자 사주에서 재는 여자와 재물을 뜻하게 되므로 여자와 재물이 없다.

사주 내에서 인수가 왕한데 재가 약하고 신약하면 학문을 하면서 평생을 지내거나 가난하다. 재가 허약하고 인수가 왕하니 극하지 못하므로 재가 약해서 가난하다. 신왕하고 지지에 인수가 태왕하므로 어머니와 처 덕으로 연명을 하고서 글만 읽고 벼슬은 하지 못하는 무명의 작가이다.

그리고 壬申 일주가 되면 술과 여자를 좋아하는데, 그것은 일주가 金·水에 오행이 되어서 주색에 빠지게 되는 이유이다. 그리고 속이 냉하여 술을 많이 미시게 되는데, 술이 몸속으로 들어가면 열을 내므로 술을 잘 마시게 된다.

월주·겁재 – 재물을 탕진한다.

월주·겁재 사주 예

시주	일주	월주	년주	구분
辛 未	甲 戌	乙 卯	乙 亥	사 주
丁乙己		甲乙	戊甲壬	장간

이 사주는 甲戌 일주가 乙卯 월주에 태어나서 지지에서 亥卯未 목국의 지지를 받게 되므로 신왕하다. 월지에 卯木이 겁재이고 천간에 乙木이 겁재이므로 겁재격이 되었고, 특히 월주에 겁재가 들게 되면 재를 탕진한다.

겁재는 일명 패재(敗財)로서 재산을 탕진하는 신이요, 월주는 사주의 강령으로 가옥의 기둥과 같아서 월주의 겁재는 모든 재를 소멸시키는 현상으로써 재물이 없게 된다.

월지, 시지의 지장간에 암장되어 있는 乙木이 월간과 년간에 투출이 되므로 겁재격인데, 년지 亥水의 지장간에 戊甲壬이 암장되어 있어서 조모 때에는 편모가 있어서 배다른 자손들이 있게 됨으로써 인맥에 정통성의 문제가 있게된 사주이다. 그러나 甲木 일간이 신왕한데 일지·시지에 재를 깔고 앉아서 재물과 여자는 있다.

월상 · 겁재격 – 木 운에 발복한다.

월상 · 겁재격 사주 예

시주	일주	월주	년주	구분
丙	庚	辛	己	사
子	申	丑	卯	주
		癸辛己		장간

이 사주는 庚申 일주가 辛丑 월주에 태어나서 상관격이 되었다. 金水 상관은 관이 들어와야 한다. 金일간이 丑에 동(冬)월에 생해서 水 상관이 용신이 되면 水가 태왕해서 金水가 차고 냉하게 되어 관성인 火가 들어와서 金水를 따뜻하게 해야 金水가 활용되므로 金水 상관은 火를 얻어야 정기가 성한다. 그러나 水氣가 왕하지 못하고 金氣가 성하지 아니하면 火의 관성을 오히려 두려워한다.

이 사주는 丑土의 지장간 중에 癸水가 있고 시지에 子水가 상관이 되어서 지지에 깔린 상관은 크게 두려워하지 않고 시간에 丙火가 투출이 되어서 火氣가 적당하여 재운인 木 운이 오면 발운이 따르게 된다. 庚申 일주가 간여지동이 되어 재가 필요한데, 재는 년지에 떨어져 있어서 대운이나 세운에서 木 운이 오면 발복이 있으나, 이 사주는 남자 사주로서 역운이 되어서 초년 대운이 서방(西方) 金 운이 됨으로써 크게 고생을 하게 되고, 중년 운에 남방(南方) 火 운이 되어서 발복은 없어도 무사하게 지내고, 말년 운에 동방(東方) 木 운을 만나서 자식이 잘 되어서 자식 덕을 보게 됨으로써 비로소 심신이 편안하다.

월간·편재 — 명당에 발복을 받아서 귀하다.

월간·편재격 사주 예

시주	일주	월주	년주	구분
辛	戊	壬	甲	사주
酉	午	申	戌	
		戊壬庚	辛丁戊	장간

이 사주는 戊午 일주가 壬申 월주에 태어나서 실령을 하였고 년지의 戌土와 일지의 午火가 午戌 화국(火局)의 반합이 되었으나 년간에 甲木이 편관이 있다.

월지·식신이 월간의 편재를 키워서 재가 강하게 되었는데 월지 申金의 지장간에 있는 壬水가 월간에 투출이 되어서 편재격이다.

그런데 일간 戊土는 월지 申金의 지장간에 戊土와 년지 戌土 지장간에 戊土에 뿌리가 있어서 발복을 하게 된다. 이러한 사주의 구성조건은 누가 보아도 조상의 음덕이 있다고 볼 수가 있다.

그것은 월간에 힘이 있는 재가 투출이 되었고 년지의 지장간에는 신을 돕는 세력이 뿌리를 박았다는 것이다. 이것은 戌 중에 丁火도 해당이 된다.

년지에 戊土에 지장간에 戊土와 丁火의 도움이 큰 사주로서 년주는 조상 궁으로 명당 길지에 모신 조상의 기운이 본인에게 전달이 되고 있다는 증거다.

실제로 모 중소기업 회장의 사주로서 후천 운인 대운 남방 火 운에서 늦게나마 크게 발복하게 된 사주다.

월간 · 편재격 – 부귀하다.

월간 · 편재격 사주 예

시주	일주	월주	년주	구분
丙 子	乙 卯	己 未	辛 巳	사 주
		丁乙己		장간

이 사주는 乙卯 일주가 己未 월주를 만나서 득령을 했다. 일지 卯木이 건록인데 월지 未土는 木에 고(庫)가 되어서 신왕하다.

사주가 생월이 복록이 되고 천간에 재관(財官)이 투출하여 일주가 약하면 부유하다. 생일이 일주의 복록이 되면 이미 신왕하여서 더 이상 왕할 필요가 없고, 재관이 투출되면 능히 감당할 수 있어서 부귀(富貴)가 된다.

월지에 재관을 득위(得位)라 해서 최상격이요 재성이 지지 중에서 시령(時令)을 만나면 가문이 귀한 여성과 결혼을 하게 된다.

일지의 재관을 득위라 해서 중등격이요 시가 왕하면 처로 인하여 부를 누리게 된다. 시지의 재관이 삼등격이 되나 역시 현모양처이다.

월지 未土 지장간에는 己土가 암장되어 있고 그 己土는 월간에 투출이 되어서 편재격이다. 사주 오행이 수생목(水生木)하여 인수가 시지에 있고 목생화(木生火)로서 식신이 있어서 중년 이후에 부귀가 따르게 된다. 슬하에는 아들이 2명이나, 하나는 실패하고 1명만을 기르게 된다.

월상 · 편재격 – 가난하다.

월상 · 편재격 사주 예

시주	일주	월주	년주	구분
癸 亥	癸 亥	丁 未	甲 寅	사주
水 水	水 水	火 土	木 木	오행

이 사주는 癸亥 일주가 시주의 비견이나 겁재를 만나서 신왕하다. 사주에서 재가 양인을 만나면 상처하게 된다.

재가 양인을 만난다 함은 丁火가 재인데 未土에 만남을 말함이고, 재가 살을 만나고 원명에 살이 있으면 가난하다. 재가 살을 만난다 함은 癸水의 재는 丁火인데 丁火의 살이 亥水가 됨이다.

재가 많고 신약하면 표면은 부자처럼 보이나 실속은 없어서 가난하고 사주가 모두 재국(財局)으로 형성이 되고 신왕함으로써 크게 부귀하다. 그런데 이 사주는 월간에 편재가 월지에 뿌리를 박고 있어서 재물은 많이 들어오게 되나, 일간이 일지에 겁재가 있고 시주가 비견 · 겁재가 되어서 부모에게 물려받은 재산을 두고 싸움이 크게 벌어지게 된다.

월상 · 상관 − 木 운에 발복한다.

월상 · 상관 사주 예

시주	일주	월주	년주	구분
辛	丁	戊	癸	사
亥	酉	午	未	주
戊甲壬		丙己丁		장간

이 사주는 丁酉 일주가 午월에 태어나서 신왕한데 월간 戊土가 상관이다. 사주 내에서 丁일간에 戊土 상관은 쬐가 있어서 인수 운 또는 관운에 발복하고 상관이 정관을 만나서 재나 인수 운이 들어와서 재화를 풀어서 상관이 氣가 떨어지면 인수 운에 극귀하게 되니 火土 상관은 없어져야 길격이다.

丁火 일간이 월지 午火를 만나서 午火에 지장간에 丙己 丁이 암장되어 있어서 丁火는 일간을 돕고 년간에 癸水를 충하니 癸水는 戊土와 합을 하여 戊癸合火가 됨으로써 일간을 돕는다.

丁火 일간이 일지 시간에 편재를 거느리게 되어서 편재가 亥水를 생하게 되고 亥水의 지장간에 甲木이 용신이 됨으로써 木 운에는 발복을 하게 된다.

월상 · 상관격 — 실속이 없다.

월상 · 상관격 사주 예

시주	일주	월주	년주	구분
戊	丙	己	甲	사
戌	子	未	午	주
		丁乙己		장간

이 사주는 丙子 일주가 월지 未土의 지장간에 丁乙己가 암장되어 있는데, 그 중 己土가 월간에 투출이 되었으므로 상관격이다.

사주가 상관격이 되면 상관운에 따라서 운명이 흘러가게 되는 경우가 많다. 상관격에 성정은 위인이 총명하고 거만하다. 상관격이 총명한 것은 상관이 일주의 氣를 누설시켜서 일주의 정기가 외부로 방출이 되므로 총명하다.

옛말에 사람은 살아가면서 쓰라린 고통을 많이 겪고 고생을 많이 함으로써 크게 성공을 한다는 말이 있다. 그런데 일간이 왕하면 정기가 누설이 되어도 내부는 건실함으로 인하여 외부는 총명하고 내부는 가득 차서 출세를 한다.

그러나 일간이 약하다면 정기가 모조리 외설해서 내부에는 남아있는 것이 없게 되고 외부로 보기에만 총명함이 있어서 출세를 하지 못한다.

이 사주는 월주가 상관격이 되어 丙火 일간이 시주가 戊戌土가 되어 생조를 해야 하기에 식신과 상관이 태왕해서 나날이 바쁘기만 하고 소득이 없게 된다.

거기에다 엎친 데 덮친 격으로 년간에 甲木이 월간 己土와 甲己合土가 됨으로써 상관이 태왕하고 년지 午火가 더욱 가세하면서 이것은 상관이 극도로 태왕하게 되므로 丙火 일간이 어쩔 도리가 없어서 결국 상관에 종(從)을 해야

하는 신세로 종아격이 되고 말았다. 종아격이란 火 · 土 용
신으로서 발복을 하게 된다.

월상 · 상관격 − 金 운에서 발복한다.

월상 · 상관격 사주 예

시주	일주	월주	년주	구분
癸 巳	丙 戌	己 未	壬 午	사 주
戊庚丙	辛丁戊	丁乙己		장간

　이 사주는 丙戌 일주가 己未 월주에 태어나서 상관격이
되었다. 남자 사주에서 관이 자식으로 상관이 관을 극하면
자식성이 파(破)가 되어서 무자식이다. 그러나 사주 내에
재가 있으면 관을 생하고 상관을 설기함으로 인해서 자식
이 있게 된다.

　이 사주는 월지 未土의 지장간 중에 己土가 암장되어 있
고 월간에 투출이 되어서 상관격이 되었다. 월간이 己土로
서 土가 왕하다. 이 사주는 土가 식신 · 상관을 만나야 운이
풀리게 된다.

　일지 시지에 식신 · 상관인 庚辛金이 암장되어 있어서 대

운이나 세운에서 金 운이 오면 발운이 따르게 된다.

일지 · 편재 – 재복(財福)이 있다.

일지 · 편재 사주 예

시주	일주	월주	년주	구분
丁 酉	辛 卯	辛 亥	戊 午	사 주
火 金	金 木	金 水	土 火	오 행

이 사주는 辛卯 일주가 辛亥 월주에 태어나서 일지에 재를 깔고 앉았고 월지 亥水의 상관은 亥卯 목국의 반합으로 일간에 재성이 왕하다.

년간에 戊土가 정인이 되고 시간에 丁火가 편관이 되어서 신왕하고 인수가 있고 식상이 있으며 재가 왕하다 함은 길명이라 할 수 있다.

일간에 辛金이 보석 같은 빛을 내게 되는 것은 시간 丁火의 덕이 아닐 수가 없으나, 이 사주는 월간에 비견 辛金이 투출이 되어서 커다란 부담이 아닐 수 없다.

다만, 사주 내에서 일간이 약할 경우에는 비견이 있으면 일간을 도와줌으로써 별 무리가 없는데, 신왕하거나 대운에서 신을 돕는 운이 들게 되면 비견이란 좋은 역할을 하지 못하고 오히려 있는 것도 빼앗아가는 도적으로 변한다.

이 사주는 년지 午火의 편관과 시간 丁火의 편관이 투출이 되어 사주를 감독하게 됨으로써 비견이 함부로 날뛰지 못하게 되므로 크게 나쁠 것이 없다. 신왕 사주에 지지에 재국(財局)을 형성하게 되므로 많은 재산을 모을 수 있는 사주다.

시상·상관 – 발복이 없다.

시상·상관격 사주 예

시주	일주	월주	년주	구분
丁	甲	庚	戊	사
卯	寅	午	戌	주
		丙己丁	辛丁戊	장간

이 사주는 시간에 丁火가 상관이다. 월지 午火에 지장간에 丁火의 뿌리를 하고 있다. 甲일간에 丁火 상관이 지지에 寅午戌 화국(火局)으로 삼합이 되면 완전한 상관격으로서 상관이 재를 생하는 재생관을 이루고 재관이 왕한 운에는

상관이 재관을 생해서 일주를 극하므로 꺼리게 되는 것이다.

후천 운에서 戌은 재운이요 戌 중에 辛金은 정관으로 재가 관을 생해서 위험하다. 그리고 乙일주 火 상관은 관살운에 길하나 水가 많음을 꺼려한다. 가령 乙일간에 丙火 상관은 강한 火로서 관살 金을 만나면 火金이 합해서 金이 단련하고 火는 세력을 이루어서 水가 많으면 비록 강대이지만 소멸되므로 불길하고 다소의 水는 필요하다.

그런데 이 사주는 水가 눈에 보이지 않고 그렇다고 해서 지장간에도 水가 없으니 水가 단절이 된다. 사주 내에서 水는 오행에서 가장 첫 번째로서 만물의 영양소가 되는 것인데 水가 고갈이 되었다 함은 다른 오행이 발전과 소멸이 미미하여 사주 운에서 발복이 없다.

세상의 만물은 水에서 싹을 트고 성장하게 되는 것인데, 사주 내에서 水가 없어서 목마른 사람이 목을 적실 물도 없다 함은 대서를 논할 가치가 없다는 것이다.

시간·겁재 – 명예와 부를 누린다.

시간·겁재격 사주 예

시주	일주	월주	년주	구분
丁	丙	辛	己	사
酉	午	未	卯	주
		丁乙己		장간

　이 사주는 丙午 일주가 辛未 월주에 태어나서 未土의 지
장간에는 丁乙己가 암장되어 있고 년지의 卯木이 卯未에
목국(木局)의 반합이 되어서 신왕하다.

　丙午 일주가 신왕한데 비겁을 만나서 부족할 것이 없고
월간에 정재가 있고 시지에 정재를 만나서 신왕재왕(身旺
財旺)하게 되었다. 사주 내에서 정재는 1개일 것을 원칙으
로 하는데, 이 사주는 월간과 시지에 각각 있게 되어서 정
재가 2개이다. 정재란 본부인과 백년가약을 맺는 것을 뜻함
이니, 이렇게 되면 결혼식을 올리지 못하고 살다가 늦게나
마 식을 올리는 경우가 된다.

　사주에서 지지가 충 없는 것이 중요한데 년지와 시지가
卯酉가 충이 되어서 크게 장수하지 못하나, 다만 신왕하고
재왕하게 됨으로써 부와 명예를 쌓을 수 있었다. 이 사주는

년간에 상관인 己土가 있고 지지에서 충이 있으나, 장관과 국회의원까지 지낸 사주이다.

시간 · 편인 — 칠살이 없어서 부귀하다.

시간 · 편인격 사주 예

시주	일주	월주	년주	구분
己	辛	丙	庚	사주
丑	卯	戌	子	
土	金	火	金	오행
土	木	土	水	

이 사주는 辛卯 일주가 丙戌 월주에 태어나서 득령을 했고 일지에 재성(財星)을 깔고 앉아 있다. 사주가 길명이라 함은 크게 부귀는 되지 못해도 칠살과 충이 없어서 평생 흉사가 없고 평안하게 지내는 것이다.

무엇보다 수명이 길고 복이 있으려면 사주 오행이 순행이 되어야 하고 역행이 없어야 하는 것이다. 이 사주는 일간이 金인데 월지가 인수가 되었고, 월지를 생하는 火가 월간에 투출이 되었고, 시주가 편인이 되어 일간을 생조 해 주면서 일지에 편재를 깔았으니 처복이 있는 편이고, 재를 키워주는 子水가 년지에 있어서 재가 강하게 되었다.

그러나 한 가지 걱정이 되는 것은 일지 재가 木에 제왕이 되어서 후천 운에서 木의 삼합국을 이루게 되면 언제든지 처의 자리에 卯木이 남자를 우습게 보고 반기를 들 수있다.

시상편재격 – 재물이 있다.

시상편재격 사주 예

시주	일주	월주	년주	구분
乙未	辛卯	戊辰	己巳	사주
		乙癸戊		장간

이 사주는 辛卯 일주에 월지 辰土의 지장간에 乙木이 시간에 투출이 되어서 편재격이다. 이 시상편재는 주로 시간에 투출한 편재가 진격(眞格)이지만 때에 따라서 시지에 있는 편재도 시상·편재격이 되어서 귀하다.

그리고 일지에 편재를 깔고 앉았다 함은 사주 내에는 편재의 세력이 장악을 한 상태라고 보면 된다.

예를 들어서 庚일간에 시간이 甲이요 시지는 寅이 되거

나 辛일간에 시간이 乙이요 시지는 卯가 되는 것으로 시상에 하나의 편재만 있고 다른 3주에는 없어야 길격이며 연월일이 이 시를 충파하지 아니해야 하고 사주나 대운에 패재(敗財) 또는 양인 등을 만나지 아니하면 크게 부자가 된다.

그래서 시상·편재는 하나만 있으면 족하고 형충파해를 만나지 않고 패재나 겁인 등이 없으면 석숭(石崇)의 부자라 했다. 그리고 지장간에서 편재가 많다 함은 숨겨 둔 여자가 많다는 증거이다.

사주에서 정재는 정처요 편재는 재물과 여자로 보기 때문에 시간에 편재가 투출이 되면 재물을 많이 모으게 되어서 큰 부자가 많고 사주 내에서 일간이 왕하고 재가 천간에 투출이 되어야 부귀하게 보는 것이다.

시상편재격(時上偏財格) – 신강하다.

시상편재격 사주 예

시주	일주	월주	년주	구분
戊 辰	甲 寅	壬 辰	癸 酉	사 주
	戊丙甲	乙癸戊		장간

이 사주는 甲寅 일주에 시간 戊土가 편재로서 시상 편재는 일간에 힘이 있어서 기존의 재산을 감당해야 한다.

가령 甲寅 일주에 戊辰 時 같으면 인수가 甲木의 복록으로 일간에 있고 戊는 甲일간의 편재요 辰은 甲일간의 장생이 되고 辰土에 지장간에 乙木은 癸水가 생해서 甲일간에 비겁이 되므로 일주가 강해서 戊土를 감당할 수 있어야 한다.

일지 寅木의 지장간에 甲木이 암장되어 있어서 뿌리가 튼튼하므로 능히 감당할 수 있다. 편재가 천간에 투출해야 이것이 진정한 편재격이 되어 귀격이니 정재는 천간에 투출되면 재가 부동해서 못쓰므로 지지에 심장(深藏)이 되어야 길격인데 시상편재격은 정재격과 반대이다. 그러나 이 격은 편재가 시간에 하나만 있고 다른 주에 재가 없어야 길격이요, 만일 다른 주에 또 재가 있으면 불길하다.

신왕정재(身旺正財) — 발복한다.

월상 정재 사주 예

시주	일주	월주	년주	구분
己	庚	乙	甲	사
卯	戌	未	子	주
	辛丁戊	丁乙己		장간

이 사주는 庚戌 일주가 乙未 월주에 태어나서 신왕하다. 월지 未土의 지장간 중에 乙木이 월간에 투출이 되어서 월상 정재격이다.

사주 내에서 정재와 편재가 모두 왕하고 인수가 있으면 비겁을 꺼려하고 관에 대해서는 정재는 정관을 꺼리되, 편재는 관이 들어와야 길하다.

이 사주는 월지 未土에 지장간에 己土가 암장되어 있는데, 그 己土가 시간에 투출이 되어서 정인 역시 강하다.

만약 재왕하고 신약하면 관운에 재가 설기되고 약한 신은 관의 극을 받아서 흉하게 되나, 이 사주는 신강재왕하여 관이 들어오면 관운에 발복하게 되므로 未土 중에 丁火가 용신이 되어서 후천 운인 대운이나 세운에서 火 운이 오면 발복을 하게 된다.

신왕재왕 – 부(富)를 누린다.

일지·편재 사주 예

시주	일주	월주	년주	구분
壬午	乙未	丁丑	甲申	사주
水火	木土	火土	木金	오행

이 사주는 乙未 일주가 丁丑 월주에 태어나서 득령하지 못했으나 일지에 未土가 木에 창고로서 월지에 丑土와 丑未 충을 하면서 깨뜨리고 있다. 그러나 木의 고(庫)와 金의 고가 충돌한다 함은 절대적으로 金의 고가 우세하다.

시간에 壬水가 정인이고 년간 甲木은 겁재로서 신이 약하면 도와주게 되고 일지 未土는 지장간에 丁乙己가 암장되어 있어서 乙木이 일간에 투출이 되었으니 일지 未土에 깊이 뿌리를 박고 있다.

월지와 일지가 재를 깔게 되었고 신을 도와줄 수 있는 세력이 균형이 잘 맞아서 대운이 잘 들게 되면 좋은 격이 된다. 사주 내에서 상관이 있고 정관이 있고 인수와 비견이 있어서 오행에 통변성이 이루게 됨으로써 운이 매우 순탄

한 사주다.

신왕재왕(身旺財旺) – 재물이 많다.

일지 · 편재 사주 예

시주	일주	월주	년주	구분
己	辛	癸	丁	사
丑	卯	卯	亥	주
癸辛己			戊甲壬	장간

　이 사주는 辛卯 일주가 癸卯 월주에 태어나서 월령을 하지
못했으나 시주가 己丑土에 편인이 되어서 신약하지 않다.

　일지 · 월지에 목국(木局)의 반합으로 재를 이루어줌으로써
이것은 대단히 좋은 현상이다. 사주가 신약하다면 재가 왕한
것을 두려워 할 텐데, 시주에 인수가 있고 년간에 편관이 인수
를 도와주게 되어서 신약하지 않는데, 급기야 후천 운인 대운
에서 火운이 오자 크게 발복하여 재벌이 된 사주다.

　사주팔자가 타고날 때부터 이미 모든 것이 결정된다함은
선천 운에서 결정이 되는데 후천 운에서도 약간의 도움을
받을 수 있으나, 근본적으로 재벌의 사주가 되는 것은 이미
그 틀이 짜여져 있다는 것이다. 다만, 후천 운에서 오는 운

은 그 편차가 많고 굴곡이 많아서 장기적이지 못하게 되는 것이다.

선부후빈(先富後貧) - 부모 때 잘 산다.

선부후빈 사주 예

시주	일주	월주	년주	구분
丁 酉	丙 寅	庚 申	己 丑	사 주
火 金	火 木	金 金	土 土	오 행

이 사주는 丙寅 일주가 庚申 월주에 태어나서 득령하지 못했으나, 일지 寅木을 만나서 신왕한 사주이고 월간에 庚金이 편재가 된다.

월상·편재가 있고 시상·겁재가 있으면 재물이 오래 가지 못하고 선부후빈(先富後貧)으로 부모 때에는 부유하여 잘 살았으나 부모가 돌아가시고 나서 몰락하여 가난하게 되는 것이다. 겁재는 재의 칠살로 시가 월을 극하면 자식이 부모를 극하는 격이요, 부모와 조부의 재산을 자손이 파손해서 초년에는 잘 살게 되나 중에는 가난하다.

선부후빈(先富後貧) – 말년에 가난하다.

선부후빈 사주 예

시주	일주	월주	년주	구분
壬	丁	戊	癸	사
寅	巳	午	卯	주
水	火	土	水	오
木	火	火	木	행

이 사주는 丁巳 일주가 월지 午火를 만나서 득령을 하였고 일주도 丁巳로서 간지동이 되어서 신왕하다. 일·시의 상관과 겁재는 선부후빈(先富後貧)이다.

일주의 상관과 겁재는 상처하고 극자(剋子)하여 겁재는 재를 탈거하고 상관은 재의 유산인 관을 극해서 패가하므로 부를 누리다가 후에 가난하다.

신왕하면 견제할 수 있는 관이 필요한데 관성인 癸水가 월간에 戊土와 戊癸合火를 하였고 火가 태왕하여 천방지축이 되어서 가난하고 대운 세운에서 金‥水 운이 들면 운이 풀리는 사주이다.

식신용신격(食神用神格) - 부귀하다.

시간·식신 사주 예

시주	일주	월주	년주	구분
甲	壬	辛	庚	사
辰	午	未	子	주
木	水	金	金	오
土	火	土	水	행

이 사주는 壬午 일주가 辛未 월주에 태어나서 득령을 하지 못했으나 년간·월간에 인수로 인하여 매우 신왕한 사주다. 일간이 태왕해서 식신·상관이 용신이 되었을 때에 인수가 병(病)이 되면 재를 기용해서 인수를 파(破)해야 한다.

木·火 상관은 관이 왕해야 하고 金·水 상관은 火가 정기를 데워주면 부귀하다. 일주가 생왕이 되고 비견이 태다하고 재가 쇠약하면 상관을 기용해서 재를 생하고 관을 기용해서 비겁을 제해주어야 함이다.

일주가 생왕(生旺)이 되고 비견이 많고 재가 쇠약하면 상관을 기용해서 재를 생하고 관을 기용해서 비겁을 억제해야 함으로 이 때에는 관이 길신이 되어서 일주에 화를 미치지 아니하므로 상관격이 관을 만나서는 안 된다 함은 이런

때에 있어서는 해당되지 않는다. 월지·시지에 土의 관이
신을 극하여 水氣를 설기해 줌으로써 사주가 원만하게 풀
리는 경우이다.

상관상진(傷官傷盡) — 재앙이 많다.

월상·상관 사주 예

시주	일주	월주	년주	구분
丁	壬	乙	丙	사
未	子	丑	午	주
丁乙己	壬 癸			장간

이 사주는 壬子 일주에 월간 乙木이 상관이고 시간 丁火
와 일간 壬이 丁壬合木이 된다. 월에 상관이 있고 합이 있
어서 거기에 또 상관이 있으면 형·충·파·해가 없고 정
관이 나타나지 아니하면 상관상진이다.

또 월지와 시상에 상관이 있고 사주 중에 정관이 없으면
이것도 역시 상관상진이다. 이 상관상진은 재성이 없으면
평소에 재앙이 많다. 상관상진은 정관이 없으므로 재가 없
으면 왕성한 상관의 氣를 조절하지 못해서 발동하는 상관
을 제어하지 못함으로 인하여 재난이 생기게 된다.

이 사주는 壬水가 지지에 뿌리를 하고 있고 丁火도 시지 未土에 뿌리가 뿌리를 있어서 튼튼하여 丁壬合木으로 보기에는 미미한 사주다.

오행의 특성상 합을 좋아한다고 하지만, 어느 한쪽이 부실할 경우에는 합이 되나 양쪽의 세력이 뿌리가 튼튼하면 거의 합이 되지 않는다.

수왕(水旺) – 수재(水災)를 만난다.

재다신약 사주 예

시주	일주	월주	년주	구분
甲	己	癸	丁	사
子	亥	丑	亥	주
木	土	水	火	오
水	水	土	水	행

이 사주는 己亥 일주가 癸丑 월주에 태어나서 득령을 하지 못했으나, 시간에 甲木이 일간 己土와 甲己合土가 되어서 신을 유지할 수 있고, 년간에 丁火는 인수가 되기는 해도 월간 癸水에 가려서 크게 활동을 하지 못하고 있다.

그리고 사주 내에서 水가 범람하여 지지가 亥子丑 방합이 됨으로써 많은 물이 지지 오행을 적시고 있다. 실제로 홍수로 인해서 큰 피해를 입게 될 것이라 하였더니, 과거에 홍수에 휩쓸려 떠내려갔다가 큰 돌에 걸려서 누군가에 의해서 구출이 되어 생명을 건졌고, 그 이후에도 몇 번에 걸쳐서 큰 물에서 죽다가 살아남은 적이 있었다는 것이었다.

이 사주의 주인공은 여름철에 계곡에서 음료수 장사를 하는 여성으로 물에 항상 노출이 되어 있는데, 그것은 다름 아닌 己土가 적은 土인데 월간과 일지가 물(水)이 되어서 적은 己土로서 감당하기 어렵고 지지는 땅인데 땅에서는 亥子丑으로 북방의 수국(水局)이 되어 더욱 그러하다.

상관의 형충파해(刑沖破害) – 가난하다.

월상비겁격 사주 예

시주	일주	월주	년주	구분
庚	己	戊	乙	사
午	卯	辰	巳	주
		乙癸戊		장간

이 사주는 己卯 일주에 시간이 庚金으로 상관이 된다. 시지에 午火와 일지 卯는 파가 된다. 사주의 전국이 상관과 형충파해와 정관이 없음을 상관상진이라 해서 귀격이다. 일주

가 왕하고 재성이 조금도 없으면 상관이 비록 재를 생하나 생을 받을 대상물이 없어서 재가 없게 되어서 가난하다.

상관은 근본적으로 관성을 꺼리나 金·水 상관과 水·木 상관 그리고 木·火 상관은 관성을 꺼려하지 아니하고 관성이 없으면 오히려 불길하며 관운에 발복한다.

이 사주는 재인 水가 고갈이 되어서 辰土 지장간에 癸水에 씨앗이 있으니 水 운에 발복하게 된다. 사주가 신왕하고 상관이 적당히 설기는 되나, 金에서 막힘으로서 대운에서 水 운이 들어오면 운이 풀린다.

그래서 이 사주는 월지 辰土 중에 癸水를 용신으로 하면 후천 운인 대운과 세운에서 水가 들어오게 되면 발복이 있게 된다. 그러나 월지 辰土는 己土에 비겁이 되어서 재산이 생기면 바로 비겁이 대기하고 있다가 가져가게 됨으로써 본인은 재복이 없어서 가난을 면하기 어렵다.

상관격에 묘사(墓死) – 재앙이다.

시간식신격 사주 예

시주	일주	월주	년주	구분
丙 寅	甲 辰	戊 午	辛 亥	사 주
火 木	木 土	土 火	金 水	오 행

이 사주는 甲辰 일주가 午월에 태어나서 시간에 丙火가 상관이다. 상관격이 묘사(墓死)운이 흉한 것은 사주 중에 상관이 왕해서 묘사가 되면 재앙이 크게 됨이다.

가령 甲일간이 午월에 생하고 乙일간이 巳월에 생하여 주중에 寅午戌 삼합이 있어서 상관 국(局)이 되고, 또는 대운에서 寅午戌 삼합을 만나서 묘사(墓死)운이 되면 재앙이 크다는 것이니 양상관이 용신해서 순행하여 묘사가 되면 사망하는 이가 많고, 음상관이 용신해서 역행하여 묘사가 되면 사망까지는 이르지 않아도 그 재앙이 매우 크다.

이 사주는 甲辰 일주가 백호대살이므로 사주 오행의 구성이 좋으면 신살은 크게 염려할 것이 못되나, 사주의 구성이 좋지 않다면 흉운이 올 때 백호대살의 작용이 강하게 나타나므로 조심하는 것이 좋다.

금수상관(金水傷官) — 火 운에 발복한다.

시상편인격 사주 예

구분	년주	월주	일주	시주
사주	乙	辛	庚	戊
	丑	亥	辰	子
장간		戊甲壬		

이 사주는 金일간에 시지 子水가 상관이다. 사주에서 金·水 상관은 金·水가 냉하므로 관성인 火를 필요로 하고 水·木 상관은 차가운 水 일주로서 水가 극도로 왕하고 水 상관이 미약해서 행운(行運)이 또 水가 된 때에는 水가 범람하여 木이 물에 뜨게 되므로 관이 되는 土가 필요하다.

이것은 水·木이 가상관을 말함이요, 水 일주가 木월에 생해서 木이 상관이 되면 상관 木은 왕하고 모체의 水는 쇠하니 이때에는 관이 되는 土를 꺼려함이다.

그런데 金일간이 水가 상관이 되어서 木이 들어와서 범람하는 水氣를 제거함이 시급하여 亥水 중에 甲木을 용신으로 삼아서 水氣부터 제어함이 옳다.

그러나 사주 내에서 金·水가 범람하는데 비하여 火氣가 끊기게 됨으로써 명운(明運)은 희박하고 지지 전체가 亥子 丑으로 水의 방국이 되었고, 辰土 또한 水에 고(庫)가 되어서 이렇게 되면 水氣를 감당할 수가 있는 오행이 없다.

그나마 시간에 戊土가 제방이 되고 火가 제방을 말려주어야 허물어지지 않은데, 사주 내에 火氣가 고갈이 되어서 발복이 없게 된다.

그래서 과거부터 사주에서 용신이 없다는 말을 하게 되는데 사주가 왜 용신이 없느냐고 반문할 수 있다. 그것은 용신이 없는 것은 아니라 용신이 들어와도 크게 발복이 없음을 뜻함이다.

사주가 발복 운이 없어서 용신이 없다 함은 과거부터 용신이 없는 사주를 거지 사주라 했다.

가상관(假傷官) — 상관운에 발복한다.

년상 상관 사주 예

시주	일주	월주	년주	구분
丁	甲	乙	己	사
卯	辰	丑	亥	주
火	木	木	土	오
木	土	土	水	행

　이 사주는 甲辰 일주가 겁재를 만나서 신왕하다. 사주가
신왕하면 식신·상관이 있어서 설기를 해야 하는데, 시간
丁火의 상관이 있으나 甲乙木의 강한 氣를 설기하기에는
미약하다. 일간이 甲木으로 사주 내에 木이 태왕하여 우선
설기를 할 곳을 찾아보니 가상관의 격에 어울리게 된다. 사
주 내에서 어떠한 격이 정해지려면 그 격에 의해서 사주 운
이 흘러갈 때 비로소 격을 논하게 된다. 이 사주는 왕한 木
을 설기할 곳은 오직 상관이 되므로 가상관이 되었는데, 가
상관은 신약하고 가상관이 모체의 정기를 완전히 설기하지
못하므로 상관의 이름만 있고 실상은 모체가 큰 손상이 없
다 하여 가상관이라 한다.
　예를 들어서 甲乙木 일주가 2월에 태어나서 火가 상관이

되었다 하면 모체 甲乙木은 2월에 왕성하고 子는 正 2월에 아직 왕하지 못하고 쇠한 편이 되어서 모체의 木을 크게 설기하지 못한다.

그러나 용신을 상관인 火로서 잡으면 丁火가 지장 간에 뿌리가 있으므로 후천 운인 대운과 세운에서 火 운이 들게 되면 발복하게 된다.

정재와 대운과 세운

정재와 대운과 세운 사주 예

시주	일주	월주	년주	구분
癸	己	甲	戊	사
酉	巳	申	午	주
水	土	木	土	오
金	火	金	火	행

72	62	52	42	32	22	12	2
壬	辛	庚	己	戊	丁	丙	乙
辰	未	寅	丑	子	亥	戌	酉

이 사주는 己巳 일주가 甲申 월주에 태어나서 월지에 득령을 하지 못했으나 甲己合土가 되었고, 년주의 戊午가 일

간을 돕고 있으므로 태왕하다.

그런데 후천 운인 대운이 21세까지 지지가 酉戌 운에 申酉戌의 금국(金局)을 이루고 42세 己丑 운에서는 巳酉丑 운이 들게 되니 왕한 힘이 설기가 된다.

사주가 신왕해서 일주가 대운과 세운이 삼합해서 재가 되면 재수가 좋아서 그 해에 운수대통한다.

이 사주는 인수의 힘이 왕하여 신왕하고 식신은 있는데 재가 없으니 유명무실하다. 재(財)란 시간에 작은 癸水가 고작 있으니 허울만 좋고 재가 천간에 구름처럼 떠 있게 되어서 실속이 없게 된다.

사주 내에서 정재가 없는데 재운을 만난다 해도 유명무실로서 남 보기에는 부자요, 실속은 없는 가난뱅이이므로 신약해서 관운과 재왕 운을 만나면 오히려 흉하고 월지 정재가 형충파해가 되어서 양인 운을 만나면 사망하거나 큰 재난이 있게 된다.

편재〔신왕〕— 조상 덕이 있다.

편재·신왕 사주 예

시주	일주	월주	년주	구분
戊	甲	壬	癸	사
辰	寅	辰	酉	주
		乙癸戊		장간

이 사주는 甲寅 일주가 월간 壬水의 생을 받게 되어서 신왕하다. 신왕에 편재격이 되면 식신 운에 재가 생해서 발복하게 되고 관살 운이 들어와서 일간을 극하면 신약해져서 재를 감당하지 못하여 흉하다.

이 사주는 후천 운인 대운에서 火 운이 오면 발복을 하고 관운인 金 운에서 좋지 못하다는 뜻이다. 월지 辰土의 지장간에 乙癸戊가 암장되어 있는데, 그 중 癸水가 년간에 투출이 되었으므로 정인격이 되었고 戊土는 시간에 투출이 되어서 편재격이 되었다. 그러나 모든 일에는 선후(先後)가 있는 법으로 년간이 조상이요 조부(祖父)가 되어 조상의 법에 따르게 되니 정인격이 선이 되어서 정인격이 되었다. 이 사주는 정인 격에 편재가 왕하여 신왕재왕하므로 재물을 많이 모으게 되고 조상의 덕이 많은 사주 구성이다.

겁재격 − 부명(富命)이다.

년간비겁격 사주 예

시주	일주	월주	년주	구분
癸	己	癸	戊	사
酉	未	亥	子	주
	丁乙己	戊甲壬		장간

　이 사주는 己未 일주가 癸亥 월주에 태어나서 신약해 보인다. 그러나 이 사주를 자세히 관찰해 보면 신약사주가 아니다.

　월간에 癸水가 년간에 戊土를 이끌어 戊癸合火가 되어서 일간을 돕고 월지 亥水의 지장간에 甲木이 있어서 일간과 甲己合土가 됨으로써 월주에 뿌리를 박고 있으므로 신왕한 사주가 되었다.

　신왕 사주에 재가 즐비하게 깔려 있고 시지에 酉金이 재를 생함으로써 재왕하다. 사주가 신왕재왕(身旺財旺)하게 되고 식신이 적당히 설기를 하게 됨으로써 길한 사주가 된다.

　다만, 사주 내에 관이 약하다는 것이 아쉽다. 그래서 일지 未土의 지장간에는 丁乙己가 암장되어 있는데, 그 중 乙木에 편관이 있고 월지 亥水의 지장간에는 甲木에 정관

이 암장되어 있어서 후천 운인 木·火 운이 오면 발복을
하게 된다.

  사주에서 관이 지장간에 숨어 있고 그 관이 천간에 투출
이 되지 못한다 함은 이 사주의 주인공은 벼슬과 관록은 아
예 꿈에도 꾸지 못하게 되는 것으로 상업이나 기타 사업체
에서 일하게 되는 것이다.

인수재생격 - 부명이다.

년간·정재격 사주 예

시주	일주	월주	년주	구분
己 卯	乙 未	丁 亥	戊 申	사 주
		戊甲壬		장간

  이 사주는 乙未 일주가 월지 亥水의 정인을 만나서 신강
하고 월간·식신 丁火가 적당히 설기를 하고 있어서 더욱
길하다.

  특히 월지 亥水 지장간에는 戊土가 암장되어 있고 년간
에 투출이 되어서 편재격인데, 일지에 未土와 시간에 己土
의 정재가 있어서 재(財)가 많은 사주인데, 다행한 것은 월

지 亥水의 정인이 지지에서 亥卯未 목국(木局)의 삼합을 이
룸으로써 신왕하게 되었고 일지 未土의 정재를 비견으로
만들었다.

그래서 신을 왕하게 만들어 주게 됨으로써 신왕재왕(身
旺財旺)한 사주가 되었다. 그리고 사주 내 상관이 있고 정
관과 인수가 있어서 부명(富命)이다. 이를 두고 인수재생격
(印綬財生格)이라 하게 된다.

재다신약 - 빈명(貧命)이다.

재다신약 사주 예

시주	일주	월주	년주	구분
甲午	辛卯	乙巳	壬申	사주
		戊庚丙		장간

이 사주는 辛卯 일주가 乙巳 월주에 태어나서 월령을 얻
지 못했으나 년지 申金에 도움이 있어서 그나마 유지를 할
수 있다. 사주 내에서 재가 왕하다 함은 일지 卯木을 중심
으로 월간에 乙木과 시간에 甲木이 있다 함인데, 여기에 년
간에 壬水가 재를 키워주고 있다.

월지 巳火의 지장간에는 庚金이 암장되어 있어서 金에 뿌리가 튼튼하므로 재다신약이 되어도 그나마 나은 편이나, 신을 도울 수는 있는 인수가 없어서 왕한 재를 감당하지 못하게 되어서 날마다 여자들에게 시달리게 되고, 바쁘기만 하고 앞에 닥친 일을 모두 처리하지 못하게 된다.

하루 빨리 金을 노출시키지 말고 덮어줄 土 운이 들어와야 운이 풀리는 사주다. 그렇지 못하면 아예 처가살이를 하게 되면 낫다.

제6장 자 녀

월상 상관 – 산액(産厄)이 있다.

월상 상관격 사주 예

시주	일주	월주	년주	구분
甲 辰	壬 申	乙 卯	乙 未	사 주
		甲乙		장간

　이 사주는 壬申 일주에 乙卯 월주로서 월지 卯木의 지장
간 중에 乙木이 년간과 월간에 투출이 되어서 상관격이다.
상관이 태왕해서 상관에 재가 없으면 남편이 사망하는데,
만약 재가 있다면 왕한 상관을 설기하게 되어서 사망을 면
할 수 있다.

　이 사주는 일간이 壬水로서 壬水에 상관은 乙木으로 乙
木에 재는 土이다. 土는 壬水에 관이 되어서 여자 사주에서
관이 남편이 됨이다. 그러나 이 사주는 다행히 辰土와 未土
가 있다.

가령 식신·상관이 태과한데 또 식신·상관이 들면 자식과 남편이 사망한다. 연주에 상관이 있으면 산액이 있고 본인이 단명하게 된다. 연주는 몸의 뿌리요 출산은 가정을 연속시키는 것으로 상관이 연주에 들면 몸의 뿌리를 파괴해서 가정이 연속되지 못하게 방해하므로 산액이 있게 되고 몸의 뿌리가 파괴되어서 단명을 하는 이유가 된다.

월상 식신 – 아들이 1명이다.

월상 식신격 사주 예

시주	일주	월주	년주	구분
戊	辛	癸	壬	사
戌	未	丑	午	주
辛丁戊	丁乙己	癸辛己		장간

이 사주는 남자 사주로서 辛未 일주가 癸丑 월주에 태어나서 일지에 未土에 편인이 있고 시주가 戊戌土에 정인이 되어서 인수가 태왕하다.

남자 사주에서 관이 아들인데 인수가 왕한 사주에 관이 왕하면 인수가 되는 土가 너무 왕해지게 되어서 불만이고 일지 未土와 월지의 丑土가 丑未 충이 되어서 왕한 인수가 다소 해소가 되었으나, 년지 午火가 午戌의 합으로 화국

(火局)의 반합을 이루게 되어서 관이 강하다고 할 수 있다. 그러나 투출된 오행이 午火가 1개이므로 아들이 1명밖에 없다.

만약 천간에 火가 투출이 되었다면 지지에 未土와 戌土의 지장간에 암장이 된 火가 있기 때문에 아들이 여러 명이 있을 수가 있다.

그런데 午火와 戌土가 午戌에 반합이 되어서 오히려 火가 강해졌을 뿐이지 火의 숫자는 줄어들었고 丑未 충이 되어서 未土 중에 암장된 火가 깨어지게 되어서 정확하게 아들이 1명밖에 없다는 것을 알 수 있다. 그리고 辛金 일간이 재인 木이 없어서 부인에게도 자식 운이 미약하다.

월상 상관격 – 무자식이다.

월상 상관격 사주 예

시주	일주	월주	년주	구분
丙 戌	乙 卯	丙 午	壬 子	사 주
火 土	木 木	火 火	水 水	오 행

이 사주는 乙卯 일주에 시간 丙火가 상관이다. 사주 내에서 木·火 상관에 가상관은 관인 金이 필요하고 水·火 진상관은 관에 해당하는 金을 꺼린다.

상관격이 인수를 요하면 관살은 꺼려지 아니하고 재를 꺼려해서 재를 파해야 발복을 하고 재를 필요로 하면 비겁이 들어옴으로써 재앙이 되고 상관 자신 운에 발복한다.

그러나 이 상관 자신 운에 발복하는 것은 상관이 주 중에 홀로 있어서 무력한 때에 비로소 상관운이 들어옴으로써 발복한다.

상관이 재가 있으면 자궁에서 자식이 생하고 상관이 재가 없으면 자궁에서 자식이 사망한다. 남자 사주에 상관은 관살을 극해서 주로 무자한 것이나 만일 재가 들어오면 상관을 설하고 관을 생해서 자식이 있게 하고 재가 없다면 상관의 홀로 왕해서 관을 생하지 못하므로 무자식이다.

여자 사주 내에서 상관은 주로 남편을 극한다. 그러나 재와 인수가 모두 왕하면 남편이 영화하고 자식도 번창함이다. 그러나 이 사주는 丙火 상관이 태왕하므로 土를 용신으로 해서 왕한 火氣를 설기함이 마땅하다.

월지 · 정재 − 아들이 1명이다.

월지 · 정재 사주 예

시주	일주	월주	년주	구분
辛	己	丁	庚	사
未	未	亥	辰	주
丁乙己	丁乙己	戊甲壬	乙癸戊	장간

이 사주는 己未 일주가 丁亥 월주에 태어나서 월령을 얻
지 못하였으나 일주가 己未가 되어서 득지를 했다.

그런데 일주가 음인에 간여지동이고 월간 丁火가 편인이
되어서 일간을 돕고 있고 월지 亥水의 지장간에 甲木이 암
장되어 있어 甲己合土가 되어 일간이 왕한 것이 틀림없다.

이 사주는 남자 사주로 남자 사주에서는 관이 자식인데,
월지 亥水의 지장간에 甲木은 있어도 일간과 합이 되어서
甲木의 위력이 소진되었다고 보는 것이다.

연지 辰土 중에도 乙木이 암장되어 있는데, 년간에 庚金
과 乙庚合金이 되어서 金으로 변신을 했고 시지 未土에 지
장간에 乙木이 있어서 乙辛 충이 되어서 소생을 할 기미가
희박하다.

그래서 일지 未土의 지장간에 乙木이 그나마 편관이 됨

으로써 자식으로 볼 수 있다. 그런데 사주의 구성이 이렇게 되면 자식은 2명 낳아도 乙辛 충을 감안하면 1명만이 자라게 되어서 자식이 1명으로 판단을 할 수가 있다.

월지 · 정관 – 아들이 2명이다.

월지 · 정관 사주 예

시주	일주	월주	년주	구분
丙	丙	戊	庚	사
申	辰	子	午	주
戊壬庚	乙癸戊	壬 癸		장간

이 사주는 丙辰 일주가 戊子 월주에 태어나서 득령을 하지 못했고, 일지에 辰土의 식신을 만나서 실지를 하였으나, 이 사주는 시간에 비견이 있고 년지 午火의 겁재가 있어서 크게 신약하지 않으나 득령을 하지 못했고, 득지를 하지 못하여 뿌리가 없는 나무가 건강할 수 없듯이 신이 강하다고는 할 수 없다.

년간에 편재가 있고 시지에 편재가 있어서 신강운에 재성이 작당하여 많은 재물을 모을 수 있고, 지지가 申子辰 삼합으로 수국(水局)을 이룸으로써 관국(官局)이 되는데, 남자 사주에서 관이 아들이므로 子水의 지장간에 壬水가 암장되어 있고 申金에 지장간에 壬水가 암장되어 있어서 아들이 2명이다. 그리고 일지 辰土 중에는 癸水가 있어서 딸도 1명이 있다.

　사주 내에서 자식을 추리할 때에는 대부분 딸은 사주에서 나오지 않는다고 알고 있지만, 잘 계산을 하게 되면 딸도 사주 내에 포함되어 있다. 癸水가 딸이 되는 이유는 분명하다. 음수(陰水)가 되어서 딸이 된다는 것을 기억해야 한다.

일지 · 식신 - 아들이 1명이다.

일지 · 식신 사주 예

시주	일주	월주	년주	구분
辛	壬	庚	庚	사
亥	寅	寅	午	주
戊甲壬	戊丙甲	戊丙甲	丙己丁	장간

　이 사주는 여자 사주로 壬寅 일주가 庚寅 월주에 태어나서 실령을 하였고, 일지에 寅木의 식신을 만나서 일간에 氣를 설기하고 있으나, 년간 · 월간에 편인이 있고 시간에 정인이 있어서 신왕하게 되었다. 신왕하고 인수가 왕한 사주

에서 선천적으로 투출된 관이 보이지 않는데, 寅木의 지장간에 戊土가 있고 亥水의 지장간에도 戊土가 있으나 戊土는 壬水에 편관이 되므로 편부가 많은 것이다.

년지 午火에 지장간에 己土가 암장되어 있어서 정관이 되므로 남편이다. 그래서 이 사주는 본 남편과 이른 나이에 만나서 생사이별했다는 것을 알 수가 있다. 정관이 투출되지 못하고 지지에 매장되어 있기 때문이다.

아들이 1명이 있다 함은 월지·일지에 甲木이 암장되어 있는데, 월지와 일지는 寅木이 되어서 寅午 화국(火局)으로 반합이 되어서 木氣가 소멸되었고, 여자가 낳는 것이 아들이므로 시지에 亥水 속에 甲木이 있어서 이것은 아들이 된다. 그래서 이 사주는 아들이 1명밖에 없게 된다.

시간 · 비겁 – 자식이 도적이다.

비겁격 사주 예

시주	일주	월주	년주	구분
庚	辛	癸	己	사주
寅	未	巳	卯	
		戊庚丙		장간

이 사주는 辛未 일주가 癸巳 월주에 태어나서 신왕하다. 일지에 未土를 만나서 토생금(土生金)으로 생을 받고 있고 巳火의 지장간에 庚金이 시간에 투출이 됨으로써 비겁이 되었다.

그런데 년지에 卯木이 일지 未土와 목국(木局)의 반합이 되고 시지 寅木도 木과 단합해서 모두 木이 되므로 木에서 金이 다시 생을 하게 되면 金과 木은 떨어질 수 없어서 木의 덕을 내포해서 인의(仁義)가 있게 된다. 木은 월지 巳火에 목생화(木生火)로 생을 했고 巳火는 일지 未土를 화생토(火生土)하여 일간에게 토생금(土生金)을 함으로써 통변성을 이루었다.

일시에 戊己가 들어서 왕하면 신(信)과 인(仁)을 좋아한다. 일은 자신이요 시는 자식이므로 천지가 인(仁)으로 만물을 생하고 부모가 인으로 인해서 자식을 생하는 것이다. 부모가 재산을 모아서 자식에게 유산을 많이 물려주게 된다.

그것은 시간에 庚金이 비겁이 되어서 자식이 부모의 재산을 가져가는 격이니 이것은 자연의 순리에 따르는 것으로 자식은 어차피 관이 되어서 부모의 재산을 빼앗아가게 됨으로써 비겁이라 아니할 수 없다. 그래서 자식은 부모에게 도적이 되는 관이다.

시간 · 상관격 — 쌍둥이 자식이다.

시간 · 상관격 사주 예

시주	일주	월주	년주	구분
己 酉	壬 申	丙 辰	乙 丑	사 주
		乙癸戊		장간

　이 사주는 壬申 일주가 丙辰 월주에 태어나서 지지가 申辰 수국(水局)의 반합이 됨으로써 신왕한 사주다. 그러나 이 사주에서는 식신 · 상관이 없다.

　신왕하면 배설하는 곳이 있어야 마땅하고 丑土와 辰土가 壬水에 관인데 파가 되었다. 관이 파가 되면 인수를 생하지 못하여 사망한다.

　그러나 인수가 생이 되면 사주에 일주를 해하는 신이 있어도 안전하다. 壬水가 辰월에 태어났다 함은 辰土의 지장간에는 乙木이 있고 그 乙木은 년간 투출이 되어서 상관격인데 여자 사주에서 상관은 딸자식을 말하게 됨으로써 한 배에서 乙木에 자녀를 한꺼번에 두 명씩이나 두게 됨은 쌍둥이를 두는 것이다. 월지는 어머니 자리로서 壬水가 낳아서 키우게 되니 쌍둥이 자식이다. 사주 내에서 상관이 많다 함은 딸이 많아서 딸 부잣집이다.

시상 · 정관격 - 난산하는 여자 사주

시상 · 정관격 사주 예

시주	일주	월주	년주	구분
乙	戊	己	壬	사주
卯	戌	巳	子	
	辛丁戊	戊庚丙		장간

　이 사주는 戊戌 일주로서 월지 巳火를 만나서 신왕하다. 조상에게 물려받은 재물이 많으나 월간 己土의 비겁이 있어서 형제간에 재산 싸움을 하게 된다. 그러나 재물만 가지고 사주가 좋다고 할 수가 없어서 인생의 행로에는 건강이 첫 번째요, 다음은 명예이고 그 다음은 재물이 된다. 그런데 이 사주는 여자 사주로서 여자 사주에서 가장 중요한 것은 자식이 된다.

　여명에서 내가 낳는 것이 자식으로 戊土가 낳는 오행이 金인데 사주 내에 투출된 金은 보이지 않아서 과거 의학기술을 발달하지 않은 경우에는 난산으로 인하여 사망하게 될 것이 자명한 일이나, 이 사주는 월지 巳火의 지장간에 식신인 庚金이 있어서 아들이 있게 되고 일지 戊土에 지장간에 辛金은 상관으로서 딸이 되므로 자녀를 낳을 수가 있게 된다.

시상·상관 — 씨 다른 자식이 있다.

시상·상관 사주 예

시주	일주	월주	년주	구분
辛	戊	丙	己	사
酉	寅	寅	亥	주
	戊丙甲	戊丙甲		장간

　이 사주는 戊寅 일주가 월지에 寅木을 만나서 실령을 하였고 실지를 하였다. 여자 사주가 일지에 편관을 깔고 앉았고 월지에도 편관을 만났으니 여자에게 편관은 정부(正夫)가 아닌 편부 내지는 밀부(密夫)가 되는 것으로 월지·일지에 편관이 자리잡았다 함은 뚜렷이 지상에 표출이 된 것으로써 재혼을 했음을 뜻한다.

　그리고 월지·일지에 지장간에 丙火가 월간·월간에 투출이 되어서 편인격의 사주로서 편인격이란 편모에게서 본인이 생을 받게 되므로 편모가 있게 된다. 아버지가 정처와 생사이별하고 재취하여 편처를 두었다는 것인데 시주에 辛酉金도 戊土에게는 상관이 되는데 戊土가 낳은 자식이 천간 지지가 다르고 신분이 다르므로 씨 다른 자식이 있는 것을 알 수 있다.

이렇게 삼대에 걸쳐서 본인과 부모 그리고 자식代까지 애정문제가 복잡하게 얽히고 설키게 됨으로써 사주가 유전적이라는 것을 실감할 수 있게 된다.

시상 · 상관 – 자식이 사망한다.

시상 · 상관 사주 예

시주	일주	월주	년주	구분
辛 酉	戊 辰	壬 戌	甲 午	사 주
		辛丁戊		장간

이 사주는 戊辰 일주가 壬戌 월주에 태어나서 戌土의 지장간에 辛金이 암장되어 있는데 그 辛金이 시간에 투출이 되어서 상관격이다.

상관이 재를 생하나 비견·겁재가 많아서 겁재가 재를 탈취함으로 인하여 가난하다. 戊土 상관은 辛金이요 辛金은 월간에 壬水를 생하나 지지에서 辰戌土가 되어서 水를 극하므로 일간 戊土는 재가 없게 되어서 가난하다.

사주 내에서 정인이 상관을 극하면 무자식이나 양인이 있어서 상관을 도우면 자식이 있어도 불완전하여 불구이거

나 병약하고, 상관이 편인과 동주하면 남편과 자식이 모두
사망한다.

　가령 상관은 남편을 극하고 편인은 자식을 극하는데, 상
관이 정관을 만나면 남편이 사망하게 된다. 戊土의 정관은
乙木인데 乙木이 상관 辛金과 같이 있으면 금극목(金剋木)
으로 乙木이 다치게 되어서 정부(正夫)인 남편에게 이변이
생기게 되는 것이다.

시대정마(時帶正馬) — 불효자다.

천간 합수(合水) 사주 예

시주	일주	월주	년주	구분
辛 卯	辛 巳	丙 子	己 酉	사 주
金 木	金 火	火 水	土 金	오 행

　이 사주는 辛巳 일주가 丙子 월주에 태어나서 실령을 하였
으나, 시간에 辛金에 비견을 만나서 그나마 신약을 면할 수
있다. 그런데 월간 丙火와 일간辛金이 丙辛合火가 되었다.
　시대정마란 생시의 간지 중 정재가 있음을 말함이다. 생

시의 간지 중에 정재가 들어서 형·충, 겁재가 없어서 왕하면 처가 현모양처요, 자식도 영리하여 재산이 많다.

이 사주는 辛金 일간에 시간에 비견을 만나서 비견이 많고 재가 약한 사주다. 비견이란 원래 같은 성격이 되어서 시기하게 되고 비견이 왕하게 되면 비겁으로 빼앗아가는 세력이 된다.

특히 시간에 비견은 일간과 동급을 주장하게 되어서 시주는 자식궁인데 자식궁은 부모궁과 한 계급이 아래가 되는 것인데, 자식궁에 같은 비견에 있다 함은 자식이 버릇이 없고 불효자가 되어서 가통의 위계질서가 무너진다.

식신격 - 아들이 2명이다.

식신격 사주 예

시주	일주	월주	년주	구분
丙寅	己卯	辛酉	癸酉	사주
戊丙甲	甲乙	庚辛		장간

이 사주는 己卯 일주가 辛酉 월주에 태어나서 일지에 卯木의 관을 만나서 신약하다. 그러나 일지 卯木 중에는 甲木이 암장되어 있어서 甲己合土가 되어 그런대로 도움이 되

고 있다.

월지 酉金에 지장간에는 辛金이 암장되어 있는데 월간에 투출이 되어서 식신격이 되었다. 남자에게 관은 자식이 되는데 이 사주는 아들이 2명이 있게 된다.

식신격이란 사주 구성상 식신이 자리를 잡고 있게 되면 자식을 두기 전에는 삶이 보잘 것이 없었는데, 자식이 생기고부터 그런대로 삶에 리듬을 찾게 되는 것이다. 그것은 시주가 천간이 정인이 있고 시지에도 寅木의 지장간에 戊丙甲이 암장되어 있어 일간을 도와주고 있기 때문이다.

시주는 원래 자식궁이므로 그 자리에 있는 오행은 자식이 되어서 그 자식들이 인수가 되어 생조를 해 주기 때문이다.

그래서 이 사주는 월주가 식신격이 되어서 일간이 허약한데, 토생금(土生金)으로 도와서 보필을 하였으니 부모의 덕이나 유산은 조금도 있을 수가 없고, 오직 자수성가하여 슬하에 2명의 아들과 1명의 딸이 있다. 딸은 부모와 같이 수발을 들어주니 丙火의 정인이 딸이 된다.

상관 〔신약〕 – 자손이 번창한다.

상관격 사주 예

시주	일주	월주	년주	구분
戊	丙	己	乙	사
戌	申	丑	亥	주
		癸辛己	戊甲壬	장간

이 사주는 丙申 일주가 己丑 월주에 태어났고 일지에 申金을 깔고 앉았으므로 신약 사주이다. 일주가 신약하고 상관이 강해서 상관이 卯에 들면 己 운에 사망한다.

일주가 약하면 관살이 신을 극해서 사망하는데 상관이 관살을 극하므로 보전이 되다가 상관이 묘에 들어가면 무력해서 관살을 극하지 못하므로 사망한다.

월지 丑土의 지장간에 癸辛己가 암장되어 있는데, 그 중 己土가 월간에 투출이 되어서 상관격이다. 그렇다면 신약한 사주가 식신·상관이 태왕해서 배가 고프고 허기가 지는데, 자식들이 젖을 빨게 되니 년간에 乙木에 정인도 무력하다.

그러나 亥의 지장간에 甲木이 뿌리를 하고 있어서 여러 명의 자식을 키우게 되는 사주다. 이것은 년지는 조상과 조모가 되어서 묘를 명당에다 모셔 놓은 것으로 본다. 亥水에 지장간에 甲木이 일간에게 氣를 줌으로써 자손이 번창하게 되는 것이다.

甲寅 일주 편인격 - 무자식이다.

편인격 사주 예

시주	일주	월주	년주	구분
己 巳	甲 寅	壬 子	壬 辰	사 주
戊庚丙				장간

이 사주는 甲寅 일주에 壬子 월주가 되어서 水월에 태어나서 신왕하다. 그러나 사주가 왕하다고 해서 무조건 좋은 것이 아니다.

甲寅이 천간과 지지에 간여지동이 되어서 음양의 조화가 되지 않았고 월주에도 壬子가 있어서 간여지동이다.

사주 내에서 간여지동이 2개씩이나 있게 되어서 음양의 구분이 없고, 甲寅 일주가 태왕한데 년간에 壬水가 양수(陽水)이고 월주가 壬子水로서 水가 태왕하다. 남자 사주에서 관이 자식인데 甲木에 관은 金이다.

그런데 사주 내에서 투출된 관은 없고 시지에 巳火의 지장
간에 庚金이 있는데 외부로 투출이 되지 못했고 만약 투출이
되었다 하더라도 사주 내에서 水가 많아서 水에게 설기를 당
하게 되면 金은 소진이 되어서 실속은 없고 허울뿐이다.

그래서 이 사주는 자식이 없게 된다. 그리고 일주가 간여
지동이 되어서 부부의 운이 희박하여 가정을 이루게 되면
甲木이 甲己合土가 됨으로써 타지로 도피를 하게 되는 사
주로 집을 나가게 된다.

庚申 일주·월지·편인 – 아들이 1명이다.

월지·편인 사주 예

시주	일주	월주	년주	구분
乙	庚	壬	戊	사
酉	申	戌	戌	주
		辛丁戊	辛丁戊	장간

이 사주는 庚申 일주가 壬戌 월주에 태어나서 월령을 하
였다. 그래서 신강한 사주인데 庚申 일주가 양인에 간여지
동이 되어서 음양의 조화가 맞지 않아서 부부 운이 좋지 못
하다. 부부가 같이 살게 되면 자주 싸우게 되는데, 시간에

乙木이 일간 庚金과 乙庚合金이 된다.

시간에 乙木은 庚金에서 볼 때 정재인데, 정재는 본처를 말하는 것으로 타 오행인 金으로 변하게 되어서 처가 없다고 보는 것이고, 설령 있어도 부부 운이 미약하여 자주 다투게 된다.

그리고 남자 사주에서는 관이 자식인데 庚金에 관은 월지 戌土의 지장간에 丁火가 정관으로 월지·정관은 丁壬合木이 됨으로써 丁火의 기운이 사라지게 되었고, 년지의 戌土의 지장간에 丁火는 외부에서 장애가 되는 오행이 없어서 이 사주는 이른 나이에 결혼을 하여 아들이 1명이 있으나 다복한 가정을 이루지 못하고 있는 사주다.

己丑 일주·년상·편재격 – 무자식이다.

년상·편재격 사주 예

시주	일주	월주	년주	구분
戊辰	己丑	甲子	癸丑	사주
	癸辛己			장간

이 사주는 己丑 일주로서 여자 사주이다. 그런데 시주가 戊辰이요, 甲己合土가 되고 土가 득세를 했으나 신왕하다고

할 수 없다.

지지가 子丑의 반합이 되었고 癸水가 있어서 사주가 매우 냉하고 차갑게 되었다. 여자 사주에서 식신·상관은 자식이 되는데 이 사주는 투출된 식신·상관이 없고 각각 일지·년지 丑土 중에 癸辛己가 암장되어 있어서 辛金이 식신인데 지지가 子辰으로 水에 반합이 되었고, 子丑으로 水에 반합이 되어서 辛金이 水에 수장이 되어 있고 투출이 되지 못하였으므로 아쉽게 되었다.

그리고 월지에 丑土가 있었다면 대운에서 金운이 들게 되면 투출이 가능한데, 일지에 암장되어 있는 辛金은 얼어붙은 土에다가 일간의 己土가 덮고 누르고 있어서 투출이 어렵다.

년지 丑土 역시 시간에 癸水와 월지에 子水가 수장하고 있어서 물 위로 투출이 되기가 어려워서 己土가 식신·상관을 활용하지 못하므로 자식을 둘 수 없다. 그리고 하늘을 봐야 별을 딴다는 말이 있는데, 甲木이 정관인데 甲己合土로 변신을 해버렸으니 남편도 없는 사주다.

乙庚合金 – 아들이 2명이다.

월상 편인격 사주 예

시주	일주	월주	년주	구분
庚	乙	癸	丁	사
辰	巳	丑	亥	주
	戊庚丙	癸辛己		장간

이 사주는 乙巳 일주가 癸丑 월주에 태어나서 실령을 했는데, 월지와 년지가 亥丑으로 반합이 되기는 해도 일지 巳火가 상관이 되어 실지를 했고, 시간에 마침 乙木이 좋아하는 庚金이 있어서 합을 하게 되어 乙庚合金이 되었다.

남자 사주에서 나를 극하는 관이 자식인데 金을 극하는 오행은 火가 되어서 일지에 巳火가 있고 년간에 丁火가 있어서 관이 2개나 된다. 그렇다면 이 사주는 아들이 2명이 있는 것으로 보면 되는 것이다. 그리고 이렇게 계산을 하지 않아도 아들이 몇 명 있는지 알 수 있는 방법은 또 있다.

일간이 乙木이 되어서 乙木의 관은 金이다. 그렇다면 사주 내에서 金이 3개로 추산하게 된다.

일지 巳火에 지장간에 庚金이 있는데 그 庚金이 시간에 투출이 되었기 때문에 하나로 계산이 되고 또 하나는 월지

丑土에 지장간에 辛金이 암장되어 있어서 사주 내에서 총 金이 2개 있는 것으로 보고 아들이 2명이라는 것을 알 수가 있다. 그러나 참고로 일간이 태왕할 경우에는 3명까지도 둘 수가 있는 것이다.

丁壬合木 – 스님이 아들이 2명이다.

정관격 사주 예

시주	일주	월주	년주	구분
壬 寅	丁 亥	甲 申	庚 寅	사 주
	戊甲壬			장간

이 사주는 丁亥 일주가 甲申 월주에 태어나서 실령을 하였고 일지에도 亥水의 관을 만났다. 亥水 지장간에 甲木이 월간에 투출이 되었으므로 甲木이 신을 돕고 있다.

그러나 월지에 申金이 모(母)궁으로 申寅 충, 申寅 충으로 극을 하는데다가 일지 亥水가 설기를 해 감으로 인해서 모친이 단명하게 되므로 모친과 초년기에 사별을 하게 된다.

모태(母胎)의 힘이 약하여 본인은 丁壬合木이 되므로 본연의 신분을 저버리고 木으로 변신을 하였다. 사주 내에 甲

木, 寅木이 있고 亥水가 있어서 계곡에 水가 흐르는 곳에 木이 왕성하게 되니 丁火는 촛불을 말하는 것으로 실제로 절에 들어간 스님의 사주다.

스님이 아들이 2명이라는 것은 관이 아들이므로 년간에 庚金과 월지의 申金이 관이 되어서 아들이 2명이 뚜렷하게 나타나게 되므로 아들이 틀림없이 2명이 있다. 그래서 이 스님은 자식이 2명이 있고 출가하여 현제 부처님을 공양하고 있는 사주이다.

편인격 – 식신이 많아서 딸이 많다.

편인격 사주 예

시주	일주	월주	년주	구분
乙	丁	癸	乙	사
巳	丑	未	巳	주
	癸辛己	丁乙己	戊庚丙	장간

이 사주는 丁丑 일주가 월지에 未土를 만나서 식신이 왕하다. 식신이 왕하면 재가 왕해져서 관을 도우므로 관이 강해지고 재가 인수를 극하면 관이 성한 氣를 설기하지 못해서 남편이 사망하고 일지가 관이 되어서 충을 만나면 남편

과 해로하지 못한다.

이 사주는 월지 未土의 지장간에 丁乙己가 암장되어 있어서 그 중 乙木이 년간과 시간에 투출이 되어서 편인격이 되었다.

편인격이란 인수가 강하다는 뜻이 되는데, 사주 내 에서 인수가 강하고 식신이 많아도 무방하다. 나를 생조해 주는 것과 설기를 해 가는 것과 그 비중이 비슷하므로 길하다.

이 사주에서는 재가 없으나 지지 지장간에 庚金과 辛金이 있어서 金을 용신으로 하면 후천 운인 대운과 세운에서 金 운에서 발복이 온다. 사주팔자의 구성조건은 선천 운이요 후천 운에서 용신인 오행이 들어오게 되면 자식도 낳게 되고 남부러울 것이 없다.

그러나 대운이란 10년 단위로 바뀌게 되어서 대운에 흐름을 잘 살펴보는 것이 중요하다. 이 사주는 일지 丑土의 지장간에 辛金에 편재를 깔고 앉아있어서 재물은 모을 수 있으나 丑土의 지장간에 癸水에 편관이 있어서 다른 남자가 많다.

편인과 인수 – 편처의 자식이다.

정인격 사주 예

사주	일주	월주	년주	구분
丙	庚	戊	己	사
子	寅	戌	丑	주
	戊丙甲	辛丁戊		장간

이 사주는 庚寅 일주가 戊戌 월주에 태어나서 월지에 득령하여 신왕하고 일지에 寅木에 재를 깔고 앉았으나 월지 戌土와 寅戌 화국의 반합이 되므로 재성이 합이 되면 표면은 유화하고 점잖으나 내면으로는 간사하다.

월지가 재와 합함은 처와 합이 되어서 호색지심을 금하지 못하고, 처와 합이 됨은 남 보기에 아무런 괴변이 아니어서 표면에는 아무 이상이 없다.

월지 戌土의 지장간에 戊土의 편인이 암장되어 있고 월간에 투출되었다. 그리고 년주가 己丑에 정인으로 이렇게 편인과 정인이 쟁합하면 庚金을 낳아주는 어머니는 편모가 되므로 이 사주의 경우에는 본처가 아닌 편처의 자식이다.

제7장 수 명

년상 정인 - 장수하는 사주

편인격 사주 예

시주	일주	월주	년주	구분
乙	丁	庚	甲	사
巳	丑	午	寅	주
戊庚丙	癸辛己			장간

　이 사주는 丁丑 일주가 여자 사주로서 庚午 월주에 태어나고 년주가 甲寅에 인수가 있고 지지에서 寅午의 화국(火局)을 이루고 시간이 乙木이 되므로 신이 태왕하다.

　일지에 식신을 만나서 신왕한 사주가 다소 설기가 되고 있는데, 가장 중요한 것은 지지에서 寅午가 합이 되고 巳丑이 금국(金局)의 반국이 되어서 지지가 金의 합으로 이루어졌다.

　천간에서도 乙庚合金이 되고 다만 년간과 월간에서만 甲

庚 충이 된다. 사주가 합이 많고 신왕하게 되면 장수하게 되는 것이다.

과거 농촌에 전형적인 부모에 사주로서 슬하에 아들이 3명이고 딸이 4명이다. 그것은 일주가 丁丑이므로 여자 사주에서는 지지를 여자로 보는 예가 많은데, 그것은 천간에 오행이 火로서 양(陽)이 될 경우에는 때에 따라서 지지를 본인으로 보는 경우가 된다.

그렇다면 丑土가 낳은 것이 자식이므로 庚金과 일지 丑土의 辛金과 시지에 巳火의 지장간에 庚金이 土가 낳은 것이니 자식이고 딸은 일지의 지장간에 土가 4개가 되어서 土는 여자로 보게 되어서 딸로 보게 된다.

이 사주의 주인공은 향년 91세로 아직까지 건강하게 잘 지내고 있다. 신왕하고 사주 내에서 충이나 살이 없게 되므로 장수하게 되는 것이다.

년주 · 편인 – 조상을 명당에 모셨다.

년주 · 편인 사주 예

시주	일주	월주	년주	구분
乙	壬	戊	庚	사
巳	戌	子	申	주
戊庚丙	辛丁戊		戊壬庚	장간

이 사주는 壬戌 일주에 태어나서 월주가 戊子로서 득령
을 했고 지지가 申子 수국(水局)의 반합이 되어서 신왕하
다. 년주가 庚申金에 편인으로 일간을 돕고 있다. 일지 戌
土의 지장간에는 辛金이 뿌리를 하고 있고 시지에 巳火의
지장간에는 庚金이 뿌리를 박고 있다.

이것은 오직 지장간에서 氣를 얻는 것으로서 년주는 조
상궁으로 조상의 기상이 땅속에 있으니 필시 조상을 예사
롭지 않은 명당자리에 모셔 놓음으로써 그 기운이 후손에
게 전달되는 현상이다.

사주에 오행의 구성을 보면 조상과 부모 그리고 본인과
자녀까지 볼 수가 있다. 신왕하고 년지부터 시지까지 지장
간에서 신을 도울 수 있는 인수가 배열이 되므로 실제로 이
사주는 조상을 명당자리에 모셔 놓았다.

사주가 신왕한데 시지에 巳火가 편재요 일지 戌土 중에는 丁火에 정재가 지장간에 있어서 진정한 재물운과 여자운은 지장간에 있는 것으로 믿음이 강하고 숨겨져 있는 정재가 보석과 같아서 처 덕이 있게 되고 내조를 잘하게 된다.

월상 · 상관 – 단명이다.

월상 · 상관격 사주 예

시주	일주	월주	년주	구분
壬	癸	甲	辛	사
戌	巳	寅	丑	주
		戊丙甲		장간

이 사주는 癸巳 일주가 甲寅 월주에 태어나서 상관격이 된다. 월지 寅木의 지장간에 甲木이 월간에 투출이 되어서 상관격이 되었다.

상관은 무도한 신으로 남을 업신여기게 되고 무도를 자행하게 되어서 길신에게 버림을 받으므로 상격이 되지 못하고 하등으로 돌변하게 된다.

상관이 사(死)에 있으면 용기가 감축해서 과단성이 없고 자신의 힘은 없고 남의 잘되는 것을 시기해서 질투심이 생하고 관을 극하므로 관살이 자식이나 한편으로는 부모도 되어서 부모가 사망한다.

상관격의 사주에서 신약에 시간에 겁재가 되어서 크게 도움이 되어서 자식이 관살에 대응하여 대신으로 희생해 주게 되니 다소의 일간에 도움이 되나, 결국 부모 대신 자식이 당하게 되는 것이다.

그것은 시간에 壬水가 되어서 생해 주는 인수가 없는 관계이다. 년간에 정인이 뿌리를 박고 튼튼하기는 하나 년주는 사주에서 초년 운을 의미하게 되어서 처음에는 도움이 되었으나, 중년 말년에는 큰 도움이 되지 못하게 된다는 뜻이다.

월지 · 정관 – 대대로 여자들이 장수한다.

월지 · 정관 사주 예

시주	일주	월주	년주	구분
庚 戌	丁 亥	丙 子	己 亥	사 주
金 土	火 水	火 水	土 水	오 행

이 사주는 丁亥 일주가 丙子 월주에 태어나서 득령을 하지 못했고 득지를 하지 못했으나, 월간에 丙火의 겁재가 있어서 기력을 상실하지 않고 버텨 나가고 있는데, 월지·일지에 子水와 亥水에 관을 만났으니 신약한 일간에 관왕격이 되었고 월지와 년지 그리고 일지가 亥子 반국을 이루었다.

거기에 시간 庚金의 생을 받고 있어서 재생관살격이 되었는데, 월지 子水는 양 옆 亥水를 만나서 수왕(水旺)하게 되므로 천간에 재를 부리고 살게 된다.

이것은 남자들이 나약하여 여자들이 득세를 하는 집안이라는 것을 알 수가 있다. 집안에서 여자가 신강하고 장수하게 되면 상대적으로 남자들의 氣가 쇠약하고 단명하게 되어서 과거부터 삼대 과부라는 말이 있다. 그러나 이 사주는 2대 과부집이다.

음양의 조화란 水·火가 음양으로 水가 음(陰)이고 여자라면 火는 양(陽)이고 남자가 되는데, 火가 왕하면 水는 쇠약해지고 水가 왕하면 火가 쇠약해지는 이유는 水·火가 한 쌍이 되어서 한쪽이 내려가게 되면 한쪽이 올라가게 되는 것이 마치 시이소를 타는 원리와 다를 바가 없다.

위 사주 구성에서는 지지가 亥子 반국으로 水가 왕한데 시주에서 庚金과 시지 戌土의 지장간에 辛金이 암장되어 있어서 금생수(金生水)를 하게 되어 水인 음(陰)이 매우 왕하게 되는 것이다.

월주 · 식신 · 상관 – 단명이다.

년월 · 식신격 사주 예

시주	일주	월주	년주	구분
己 丑	辛 卯	癸 亥	癸 巳	사 주
土 土	金 木	水 水	水 火	오 행

이 사주는 辛卯 일주가 癸亥 월주에 태어나서 실령을 하였고 일지에 卯木의 재를 깔고 앉아서 신약하다. 일지 재는 亥卯의 목국(木局)의 반합이 되었고 癸水의 인수를 만나서 신강하다.

목국에 재가 튼튼한데 작은 辛金의 재로서 군림하기에 너무 벅차고 약한 辛金이 년간과 월간을 생해 주어야 한다 함은 부모와 조상을 받들어서 모시게 되는 책임이 막중하다.

가장 중요한 것은 오행이 위에서 아래로 순행을 하면서 흘러야 좋은데, 이 사주는 오히려 역행으로 달리게 되어서 구성이 좋지 못하다.

시주에 편인이 천간지지를 점령해서 그런대로 시주의 힘을 빌려서 지탱을 할 수 있으나, 근본적으로 식신·상관이 왕하고 신약하여 수명이 길지 못한 사주다. 년지·월지가 巳丑으로 금국(金局)에 반합이 되었다. 그런데 월지 亥水와 巳亥 충이 되어 금국(金局)에 뿌리를 치게 되므로 이는 단명의 요인이 된다.

일지·편관 I − 단명이다.

일지·편관 사주 예

시주	일주	월주	년주	구분
丙 子	乙 酉	己 卯	癸 酉	사 주
火 水	木 金	土 木	水 金	오 행

이 사주는 乙酉 일주가 己卯 월주에 태어나서 득령을 하였는데 일지에 득지하지 못했다. 乙木이 일지의 단단한 酉金을 만나서 뿌리를 내릴 수가 없다. 일간이 왕하다 하더라도 일간이 일지의 뿌리에 착근하지 못하면 좋지 못하다. 그것은 나무가 좋은 토질에 심어지지 않으면 언젠가는 시

들게 되어서 큰 희망을 가질 수가 없다는 예에서 하는 말이다.

　그런데 乙木 일간이 월지에 득령을 했고 시주에서 인수가 겸비했으니 그나마 견딜만 하나, 물 위에 떠 있는 나무가 되어서 뿌리를 박지 못하는 형국이다. 모든 만물은 뿌리가 튼튼해야 생명을 유지하는데, 뜬 구름을 잡는 식이 되어서 안정을 찾지 못함으로써 인품이 가볍고 음과 양이 교합하지 못하게 되어서 부부 운 또한 좋지 못하다.

　필시 부인을 얻게 되면 순한 양이라 하더라도 살쾡이로 변하게 됨으로써 신상을 괴롭히는 것이다.

　乙木 일간이 지지에 착근하지 못하니 월지에 의존하게 되어서 부모가 사별 후에는 힘을 쓰지 못하고 단명하게 된다.

일지 · 편관 Ⅱ － 단명이다.

일지 · 편관 사주 예

시주	일주	월주	년주	구분
癸 酉	甲 申	辛 卯	戊 午	사 주
水 金	木 金	金 木	土 火	오 행

이 사주는 甲申 일주가 辛卯 월주에 태어나서 월령을 얻었으나 신약한 사주다. 일간이 지지에 뿌리를 내릴 수 있다면 지탱할 수가 있겠으나, 고목나무가 申金에 지지를 만나서 잔뿌리마저 내리지 못하게 되었다.

시간 癸水에 정인에 의존해서 살얼음판을 걷고 있는 격으로 火·土 운에 단명하게 된다. 보통 일주가 월지를 얻으면 신왕하다고 보는 것인데, 이 사주는 월간에 辛金의 정관이 있고 일지에 편관을 만났고 시지에도 정관이 있어서 관이 매우 왕함으로써 사주가 신약하다고 보는 것이다.

그리고 시간에 癸水는 정인인데 년간에 戊土와 戊癸合火가 되어 버려서 火의 성격이 강하여 일간 甲木에게 크게 도움이 되지 못하고 있다.

일지 · 정재 · 화왕(火旺) − 심장병, 고혈압이다.

일지 · 정재 사주 예

시주	일주	월주	년주	구분
丙午	壬午	壬辰	丙子	사주
火火	水火	水土	火水	오행

72	62	52	42	32	12	12	2
庚	己	戊	丁	丙	乙	甲	癸
子	亥	戌	酉	申	未	午	巳

이 사주는 壬午 일주가 월지 辰土에 水의 고(庫)를 만나서 년지 子水와 子辰으로 합수가 되고 월주에도 壬水가 비견으로써 왕하다.

사주가 신왕한 것은 좋으나 양(陽) 오행으로 편중이 되어 있고, 지지가 수국에 반합이 되어서 사주 내에 수기(水氣)가 왕하다.

이 사주는 년간에 丙火와 시간에 丙火의 비견이 있어서 일간 壬水와 丙壬 충으로 대립을 하고 있다. 사주에서 반반(半半)이 水와 火로 대립이 되어서 저울질을 하고 있다. 후천 운인 대운에서 32세와 42세에 인수 운인 申酉가 들자 재를 누를 수 있어서 재물을 모으게 되었다.

52세 戊戌 대운에서 戌 운이 오자 午戌의 반합으로 화국(火局)을 이루어서 火가 고개를 들고 대운에 戌土가 월지 辰土에 수고(水庫)를 충하여 재국을 파하게 되어서 재물이 바닥을 드러낸다.

火가 태왕하게 되어서 고혈압으로 고생을 하다가 62세 己亥 운이 오자 水·火를 모두 극을 당하여 결국 사망하였다.

火는 심장에 해당하고 水는 신장에 해당되는데 水가 火를 극하게 됨으로써 심장이 약해지고 火가 들끓게 되어서 고혈압이 되는 것이다.

사주는 기존에 타고난 8字는 선천 운이나 대운이나 세운에서 들어오는 운은 후천 운으로서 후천 운이 매우 중요하다.

시간 · 식신 왕 – 혈병이다.

시간 · 식신격 사주 예

시주	일주	월주	년주	구분
庚	戊	己	辛	사
申	申	巳	丑	주
		戊庚丙		장간

이 사주는 戊申 일주가 己巳 월주에 태어나서 월령을 하여 신왕하고 巳火의 지장간 중에 庚金이 암장되어 있고 시간에 투출이 되어서 내격에 식신격이다.

사주 내에서 戊申 일주에 庚辛金에 상관이 있고 월·시에 천간 내지는 지지에 庚辛, 申酉의 식신·상관이 들면 金旺이 된다. 여기에 겁인이나 녹인(祿刃)이 되면 金은 주로 농혈창(혈액응고)이 있게 된다.

이 뜻은 가령 戊土 일간이 사주 내에 겁재가 있고 월지
巳火가 인수가 되어서 일간이 왕한데 토생금(土生金)으로
상생이 되나 庚辛, 申酉金에서 막힘으로서 통변성이 없어서
사람의 혈관이 막힌 것과 다를 바가 없으니 혈병(血餠)이
걸리게 된다.

혈병이란 혈이 막힘을 뜻하여 중풍이나 기타 중병이 된다
는 뜻이다. 가령 선천 운에서 이렇게 태어났다 하더라도 후
천 운인 대운이나 세운에서 통변을 시킬 수 있는 오행이 들
어오게 되면 모면을 할 수 있다. 그러나 대운이란 10년 단위
로 바뀌게 되어서 영구히 잘 지낼 수 없는 노릇이다.

시상 · 상관과 관 – 단명이다.

시상 · 상관 사주 예

시주	일주	월주	년주	구분
庚午	己卯	戊午	癸酉	사주
金火	土木	土火	水金	오행

이 사주는 己卯 일주에 시간이 庚金이 상관이다. 그런데

시간에 庚金이 일지에 卯木을 극하게 된다. 그러나 사주에서 상관이 비록 관을 극하나 왕한 관을 모두 극하지 못하고 대운과 세운의 관성이 왕해서 형·충이 되면 관의 세력이 더욱 왕해지고, 재도 왕운으로 관을 생하면 관이 극해서 상관을 처치함으로 인하여 신이 감당하지 못해서 사멸한다.

관이 중형을 가함으로 인하여 사망하고 주 중에 관을 극하고 일주를 구하는 신이 있어도 중병은 면치 못한다.

사주 내에 상관이 정관이 없으면 상관을 극하는 신이 있어서 대운이나 세운에 정관이 있으면 눈병이 생기고 재앙이 생긴다.

그것은 己土의 정관은 甲木인데 甲木이 己土의 상관인 庚金을 만나면 금극목(金剋木)이 되어서 木은 인체에서 간장에 해당이 되므로 간장은 눈으로 통하기 때문이다.

그리고 일지에 卯木의 편관을 깔고 앉아서 관이 午火를 도와서 신에게 생조해 주고 있는데, 년지에 酉金과 일지의 卯木이 卯酉 충이 되어서 뿌리를 쳐서 흔들게 되므로 부인이 무사하지 못하고, 癸水는 당연히 수생목(水生木)을 해야 하는데 戊癸合火가 되어서 일지가 고립되었다.

신왕·관왕 – 수명 장수한다.

장수의 요인 사주 예

시주	일주	월주	년주	구분
丙申	丙子	丙戌	乙卯	사주
火金	火水	火土	木木	오행

　이 사주는 丙子 일주에 丙火가 3개씩이나 있어서 신왕하고 년주가 乙卯에 인수가 되어서 태왕하다. 일지 子水에 관이 申子 반합으로 수국(水局)을 형성하고 있어서 신왕하고 관왕하며 인수가 왕하다. 그리고 월지에 戌土가 식신이 되었고 시지 申金은 申子의 수국으로 합이 되었다 하지만 金의 본질이 있어서 재가 되는 것이다.

　丙火가 3개나 나란히 있고 인수가 생하고 관이 국을 이루어서 신왕한데, 이러한 사주는 일명 스리스타(중장)로서 귀격이다. 이 사주는 오행에서 끊어지거나 막힌 곳이 없어서 순행하고 있고 사주에서 충이나 칠살이 없으므로 수명장수하게 된다. 90세인 현재까지 건강하게 잘 살고 있는 사주다.

사주로 성별을 알 수 있다.

편재격 사주 예

시주	일주	월주	년주	구분
戊辰	己丑	甲子	癸丑	사주
土土	土土	木水	水土	오행

이 사주는 己丑 일주가 甲子 월주에 태어나서 일지에 丑土를 만나서 득지를 했고 일간이 득세하여 사주의 오행이 土로서 이루어졌다.

그러나 막상 사주공부를 많이 해서 남의 사주를 감정해 주는 사람도 사주만 보고 남자 사주인지 여자 사주인지 구분을 잘 하지 못한다.

만약 남자 사주를 들고 와서 이 사람이 여자 사주라 해도 남자 사주인 것을 안다면 사주공부를 많이 하였다고 볼 수 있다. 그것은 어느 사주 책에도 원칙이 없고 남녀의 사주를 구분하는 공식이 정해져 있지 않기 때문이다.

그런데 몇 가지 정황을 봐서 구분을 할 수가 있다. 그것은 연간부터 월간까지 오행을 가지고 음이냐 양이냐를 따지게 된다. 대부분 여자의 사주는 년간이 음인데 일간도 음토(陰土)가 되면 이것은 반드시 여자 사주라는 것을 알 수가 있다. 그리고 월간이 양(陽)일 경우에는 이것은 여자라고 단정을 하기 어렵다. 그런데 위 사주처럼 甲木이 양목(陽木)인데 甲己合土가 되었으니 양이 소멸되고 년간도 음수(陰水)가 되어서 이 사주는 여자 사주가 되는 것이다.

상관운 - 질병과 단명이다.

시상 비겁격 사주

시주	일주	월주	년주	구분
癸 卯	壬 子	乙 丑	乙 未	사 주
水 木	水 水	木 土	木 土	오 행

이 사주는 壬子 일주가 乙丑 월주에 태어나서 득령하지 못했으나 득지했고, 월지 丑土는 亥子丑의 방합이 되었다. 그리고 년간·월간에 乙木이 상관으로 상관이 재를 깔고 앉아서 재운이 가장 길하고 인수 운이 다음으로 길하다.

상관운은 각종 구설수나 질병, 파산을 하고 자식을 극하고 여자는 남편을 극하며 상관이 형충(刑沖)운을 만나면 사망한다. 상관격에 관이 있고 대운과 세운에서 또 관이 들어서 관이 왕해져서 형충파해가 되고 신약해지고 거기에 재왕운이 있으면 사망하고 다행히 주 중에 일주를 구하는 신이 있으면 죽음은 면해도 중병을 면치 못함이다.

사주가 상관이 왕하면 일간의 힘을 상관이 제어해 가게 되어서 상관이 더욱 기승을 부리게 된다.

그런데 그 상관의 힘을 설기할 수 있는 오행이 재인 火가 되는데, 이 사주는 투출된 火가 없어서 년지에 未土 중에 丁火를 용신으로 삼게 된다.

금약(金弱) － 폐·기관지가 허약하다.

일지·정관 사주 예

시주	일주	월주	년주	장간
戊	丙	甲	戊	사
子	子	子	戌	주
土	火	木	土	오
水	水	水	土	행

이 사주는 丙子 일주가 甲子 월주에 태어나서 득령을 하지 못했고 일지에도 子水의 관을 만나서 실령을 하였으나,

월간에 甲木이 있어서 그나마 유지되고 있다.

월간 甲木은 월지 子水를 만나서 계속 일간에게 생을 해주게 되는데, 오행이 균형이 맞지 않고 어느 한쪽으로 치우치거나 많아서 기울게 되면 그 오행에 해당되는 인체의 기관이 나빠지게 된다.

이 사주는 水·木·火·土가 다 있는데 그 중에서 金이 없다. 사주 내에서 金이 없으면 폐·기관지가 나빠지게 되고 호흡기가 약하고 피부가 좋지 않다.

그런데 폐·기관지가 약해지는 것은 설령 金이 1개 정도 있다고 하더라도 마찬가지가 된다. 金은 水를 배설하게 되는데 사주 내에서 水가 너무 많아서 1개의 金으로 감당을 하기가 어렵게 된다.

사주 내에 水가 많으니 水는 인체에서 신장에 속하게 됨으로써 신장이 실(失)하게 된다. 실하다 함은 병적이고 약한 것은 허(虛)하다고 본다. 그리고 폐 다음으로 위장이 나쁘게 되는데, 그것은 土가 분별력이 없이 너무 많기 때문이다. 그래서 오행이 이토록 편중이 있게 되면 한쪽 기관이 나빠지다가 결국 건강이 전체적으로 좋지가 못하게 된다.

관왕(官旺) - 단명이다.

시간 · 편관격 사주 예

시주	일주	월주	년주	구분
庚午	甲申	辛巳	壬子	사주
		戊庚丙		장간

이 사주는 甲申 일주가 월지에 巳火를 만나서 실령을 하였고 일지에도 편관을 만나서 신약하다. 년주에 壬子水가 왕하여 그나마 생명을 부지하고 있으나, 월간에서 巳火에 지장간에 있어서 戊土가 방해가 된다. 甲木이 큰 나무로 땅에 뿌리를 박아야 안정을 찾을 수 있으나 재인 土가 없는데 巳火의 지장간에는 庚金이 뿌리를 하고 있고 시간에 투출이 되어서 편관격이다.

정작 필요한 土가 들어온다 해도 인수인 水를 극하게 되고 편관의 기운을 더함으로써 결국 사망하게 된다.

사주가 신왕해도 일간이 일지에 뿌리를 박지 못하면 이것은 단명의 요인이 된다. 그것은 木일간이 지지 金을 만나는 것이고 火일간이 지지에 水를 만나는 것이다.

그리고 金일간이 지지에 火를 만나는 것도 좋지 않다. 이토록 오행의 생극제화(生剋制化)는 오묘해서 사주를 공부하는데 잘 감별하지 못하면 정확한 화복이 어렵게 된다.

수왕(水旺) - 심장이 약하다.

편관격 사주 예

시주	일주	월주	년주	구분
壬	壬	戊	庚	사주
子	辰	辰	子	
水	水	土	金	오행
水	土	土	水	

이 사주는 壬辰 일주가 戊辰 월주에 태어나서 월지에 水의 고(庫)를 만났고 일지에도 水의 고(庫)를 만나서 년지 子와 시지 子가 子辰, 子辰으로 수국(水局)을 이루어 壬水가 태왕하다.

壬水가 시간에 있어서 비견이 있고 년간에 庚金이 금생수(金生水)를 함으로써 사주 전체가 水로 형성되었다. 사주 내에서 水가 왕하면 상대적으로 火가 쇠약해지게 되는데, 火는 심장에 해당되어서 심장이 약하다. 음양에서 가장 기본적인 오행이 火·水가 되어서 水가 왕하게 되면 火가 쇠약하고 火가 왕하면 水가 쇠약해지게 된다.

그런데 한 가지 주의해야 할 것은 水는 인체에서는 신장에 해당이 되는데, 水가 왕하고 많다고 해서 신장이 건강하고 튼튼하다고 보게 되는 예가 많으나, 이것은 매우 위험한 판단이다.

어느 오행이라도 태과하여 왕하게 되면 이것은 실(失)로 보는 것이다. 실은 병적인 것을 말함이니 병이 있다고 보는 것이다. 그리고 허약하고 오행이 약한 것은 허(虛)로 보는 것인데, 허하다는 말은 허약하다고 보면 된다. 그런데 간혹 이것을 구분하지 못하고 반대로 보게 되는 예가 많다.

사주 오행의 구성이 선천적으로 이렇게 편중이 되어 구성이 좋지 못하다면 후천적인 대운이나 세운에서 좋은 운이 들어온다 해도 여간해서는 운을 역전시키기 어렵다는 것이다. 그래서 사람은 태어날 때 근본적으로 선천 운을 잘 타고 나야 한다는 것이다.

화왕(火旺) - 고혈압이 있다.

甲庚 충 사주 예

시주	일주	월주	년주	구분
癸 卯	壬 辰	庚 午	甲 寅	사 주
水 木	水 土	金 火	木 木	오 행

이 사주는 壬辰 일주가 庚午 월주에 태어나서 득령을 하지 못했고 월간에 庚金의 인수가 있어서 그런대로 유지되고 있다. 그런데 일지가 辰土가 水에 고(庫)이기는 하지만, 지지가 寅卯辰의 목국(木局)의 방합이 되어서 일간에 도움이 되지 못하고 도리어 설기를 당하고 있다.

이 사주는 어머니가 고혈압이 있게 된다. 그것은 월지가 어머니 자리인데 어머니의 신이 午火가 되어서 양화(陽火)인데 년주가 甲寅이 되었고 寅午의 화국(火局)의 반합이고 또 과다한 목국(木局)의 방합이 형성되어서 火가 왕하게 되므로 火는 심장을 뜻하여 심장에 부담을 느끼게 되어서 고혈압이 있게 된다.

그리고 본인의 사주에서 부모의 성격과 질병 또는 결혼관계, 자식의 수를 알 수가 있다. 사실은 이러한 내용들은 어느 학문에서도 어느 고서에서도 언급된 바가 없으며, 그러나 꾸준히 노력을 하고 연구를 하게 되면 본인이 하나하나를 터득을 할 수가 있으므로 부단히 노력을 해야 한다.

그리고 한 가지 원칙을 알아야 할 것은 천간은 지지와의 관계로써 추상적일 뿐이고 음양의 관계에서 꼭 필요하지만 항상 같이 묶어서 계산을 하게 되면 오판이 나게 된다.

천간은 천간대로 그 특성이 있고 지지는 지지대로 그 특성이 있으므로, 이 사주의 구성을 보게 되면 지지가 합이 되어서 지지의 영향을 받게 되어 지지에서의 木의 기운이 火에게로 집중되어서 신장기능은 약하고 심장기능이 왕하게 된다.

인명은 재천(在天)이다.

장수의 요인 사주 예

시주	일주	월주	년주	구분
庚申	癸卯	癸丑	壬子	사주
金金	水木	水土	水水	오행

이 사주는 癸卯 일주에 지지가 子丑의 수국(水局)에 반합이 되고 천간에 비견·겁재가 있으며 년주가 壬子로서 일간의 뿌리가 되어서 신왕하다. 그리고 일지에 식신이 있음으로써 통관을 하게 되었다.

한 가지 아쉬운 것은 사주가 신왕한 만큼 재물이 없어서 골고루 다 갖출 수는 없는 노릇이다. 사주 내에 칠살이 없고 지지에서도 합은 있어도 충이 없다. 신왕 사주에 충이 없는 사주는 수명장수하게 된다. 현제 93세의 장수노인이다. 인명은 재천이라는 말이 있는데, 그 말은 수명은 하늘에 있다는 말이 된다. 그렇다면 사주 일간이 천간이요 하늘이고 기(氣)이고 양(陽)이고 동(動)적인데, 남자나 여자나 타고난 일간은 본인이다.

이것은 타고날 때 선천 운에서 결정이 되어 사주팔자를 타고난 것으로 선천 운이 절대적으로 결정이 됨으로써 일생을 살아가게 되는 것이다.

그래서 살아가는 운명 속에서 수명은 선천 운에서 결정이 되어 태어나게 된다는 뜻이다. 다만, 후천 운에서는 살아가는데 윤택하고 안락한 氣를 받아서 편안하고 고생스럽지 않게 살 수 있는 노력을 하게 된다.

선천 운에서 수명이 결정된다.

월간 · 정관 사주 예

시주	일주	월주	년주	구분
戊 戊	丙 子	癸 酉	甲 午	사 주
土 土	火 水	水 金	木 火	오 행

　이 사주는 丙子 일주에 월주가 癸酉가 되고 월지 酉金이 월간 癸水에 관을 생하고 일지 子水에 관을 생하게 되어서 관이 왕하다.

　년간 甲木에 인수가 있어도 중간에 癸水가 가로막고 있고 시주가 戊戌土가 식신이 되어서 설기를 해 가므로 신약하게 되었다.

　이 사주는 선천 운에서 태어날 때부터 수명이 길지 못하여 장수를 할 수 있는 조건은 되지 못하고, 월간과 일지가 관이 되어서 힘이 벅찬 일이다.

　월지 酉金은 재가 되어서 재를 돌봐야 하고 시주는 천간과 지지가 식신으로서 일간이 생조를 해 주어야 하는 입장이다.

설령 丙火가 왕하다 할지라도 식신과 관이 왕하면 기운이 떨어지고 비견이나 인수가 있어도 이 사주는 년주에 떨어져 있어서 기운이 미미하다.

그래서 丙火 일간이 정관과 식신에게 기운을 설기당하게 됨으로써 기운이 소진(消盡)이 되었다 해도 과언이 아니다.

그렇다면 사주의 구성조건은 선천 운인데 비해서 앞으로 후천 운에서 신을 도와줄 수 있는 운까지 살게 됨으로써 후천 운이란 대운과 세운을 말하는 것으로 그 기운을 가늠하여 몇 살까지 또는 어느 운에까지 살 수가 있을 것인지를 판가름하면 된다.

정관과 상관 - 장수한다.

월간 · 정관 사주 예

시주	일주	월주	년주	구분
丙 辰	戊 午	乙 亥	辛 巳	사 주
火 土	土 火	木 水	金 火	오 행

이 사주는 戊午 일주가 乙亥 월주에 태어나서 득령을 하

지 못했으나, 일지가 午火로서 득지를 했고 시간에 丙火의 인수를 만나서 신왕하다.

　신왕한 사주에서 관이 신을 극하고 상관이 관을 극해서 신을 보호하므로 장수하는 사주다. 戊土에 정관은 乙木으로 辛金이 극을 하게 되고 辛金은 戊土의 상관으로 아들이 된다. 아들이 부모를 극진히 모시고 걱정을 하게 되는 격으로 戊土는 수명이 장대하다. 이 사주는 戊午 일주로서 일지 午火가 도와주고 시주에 丙辰이 도와서 말년에 편안한 일생을 보내게 된다.

　그러나 사주 내에서 일주가 재와 합을 하여 인수를 파하면 요절하고, 겁재가 많은데 재가 적으면 요절한다. 가령 재가 약하고 겁재가 사(死)에 있어서 인수가 왕하면 요절하고, 신왕해서 인수를 만나면 사망하고, 신약하고 재가 많으면 요사하고, 관이 하나만 있어서 파가 되면 사망한다.

진상관(眞傷官)의 설기 - 요절한다.

시상 편관격 사주 예

시주	일주	월주	년주	구분
庚	甲	乙	戊	사
午	寅	巳	寅	주
金	木	木	土	오
火	木	火	木	행

이 사주는 甲寅 일주가 신왕하고 사주 내에 비견과 겁재
가 많다. 진상관은 일주가 태왕해서 모체의 정기를 설기하
므로 진정한 상관이라 해서 진상관이라 하는데, 예를 들어
서 甲일간이나 乙일간이 巳午未 월에 태어나면 巳午未의
火氣가 세력이 크므로 甲乙木의 정기를 설기하므로 甲乙木
이 감당할 수 없어서 木의 정기가 소실되므로 이 때에는 木
의 모체인 인수를 기용해서 상관을 파(破)하고 木을 도와야
한다.

그러나 사주 내에 火가 한두 개밖에 없으면 비록 왕한 火
라 할지라도 甲乙木을 소실시킬 지경까지 되지는 않아서
이런 때에는 인수가 들어오면 안 된다. 만일 인수가 들어와
서 상관인 火를 파하면 요절한다. 이러한 사주는 재인 戊土

를 용신으로 잡게 되면 火의 상관이 희신이 되어서 화생토 (火生土) → 토생금(土生金)으로 오행의 통변 성을 이루게 된다.

그래서 이 사주는 후천 운인 대운과 세운에서 土 운이 오면 발복할 수가 있으나, 어떠한 사주라도 사주의 원국이 근본적으로 잘 짜여지지 않으면 용신이 없어서 발복을 기대할 수 없거나 거지 사주가 된다.

재다신약 – 허리 디스크 환자다.

재다신약 사주 예

시주	일주	월주	년주	구분
庚 戌	丁 酉	辛 亥	丁 酉	사 주
辛丁戊		戊甲壬		장간

이 사주는 丁酉 일주에 월지 亥水가 정관이 되었으므로 득령을 하지 못했다. 년간에 비견이 있어도 약하여 크게 도움이 되지 못한다. 그리고 일간이 신약한데 재가 왕성하여 재다신약 사주다.

사주가 선천적인 운에서 재가 많고 신이 약하다 함은 몸이 허약한데 일거리가 많다는 것이다. 일이 많아도 몸이 튼튼하지 못하여 먹지도 못하고 일만 하게 되어서는 과거에 우리 조상들이 농촌에서 김을 매고 농사를 지으며 일을 많이 하면서 엎드려서 일을 하게 되면 허리가 꾸부러지듯이 이 사주도 그러한 이치이다.

사주의 구성 자체가 기둥이 없고 몸체가 金으로 이루어지게 되어서 몸체가 무겁고 힘이 약하다는 것이다. 힘이 약하다 함은 일간이 약하니 선천적으로 氣가 허약하게 되어서 몸체를 감당하지 못하게 된다는 뜻이다. 그리고 인수가 있기는 한데 월지 亥水의 지장간에 甲木이 있어도 물 속에 수장이 됨으로써 불을 지필 수가 없고, 특히 주변에 金이 많아서 금생수(金生水)로 물을 배설하게 되므로 물 속에 잠겨 있다. 그리고 甲木이 투출이 되었다면 상기둥이 되어서 허리 디스크가 걸리지 않을 것인데, 木이 水 속에 잠겨 있으므로 허리 디스크 환자의 사주이다.

춘월(春月)에 木일간 – 장수한다.

시간정재격 사주 예

시주	일주	월주	년주	구분
戊寅	乙亥	壬辰	丙申	사주
		乙癸戊		장간

이 사주는 乙亥 일주가 壬辰 월주에 태어났으므로 춘삼월로서 봉에 날개를 얻은 격으로 신강하다. 乙木 일간에 水가 과다할 것 같지만 시지에 寅木이 있고 월지가 辰土로서 寅卯辰의 목왕지절이 되므로 신이 강하다.

월지 辰土의 지장간에 乙癸戊가 암장되어 있는데 그 중 戊土가 시간에 투출이 되어서 정재격이 되었다. 신왕하고 정재의 격을 이루어서 정재의 바탕이 뿌리를 하고 있으므로 장수하게 되고 처덕이 있으며 조상에게 물려받는 유산이 있다. 상관이 관이나 인수를 만나면 장수하고 신약하고 인수가 강하면 장수를 누린다. 상관이 재를 생하고 인수는 신을 생해서 장수한다.

火 상관 형충파해 – 안질이 좋지 않다.

丁火 상관 사주 예

시주	일주	월주	년주	구분
丁 卯	甲 寅	丁 巳	壬 子	사 주
火 木	木 木	火 火	水 水	오 행

이 사주는 甲寅 일주가 丁巳 월주에 태어나서 득령을 하지 못하였고 월간과 시간에 상관을 만났고 정관인 金이 없다.

정관이 없으면 상관은 길하나 인수가 상관을 극하고 寅 巳가 삼형살이요, 육해가 되어서 상관을 해하므로 상관을 억압한 다음 대운과 세운에 정관을 만나면 억압된 상관이 정관을 극할 힘이 무력하므로 정관의 기세로 안질(眼疾)이 상하고 재해가 끼친다.

일주가 甲寅으로 간여지동이 되어서 천간과 지지가 분별력이 없고 음양의 구분이 되지 않으니, 남자와 여자가 분별이 없어서 부부간에 성격이 막상막하로 싸움과 시비가 잦으므로 가정이 평탄하지 않게 된다.

사주에서 천간은 양이요 양은 남자를 뜻하게 되고, 지지는 음이요 음은 여자를 뜻하는 것인데, 천간과 지지가 같은 오행이여서 남녀의 분멸이 없고 음양의 조화를 깨뜨린 까닭이다.

그리고 오행이 수생목(水生木) → 목생화(木生火)로서 土에서 단절이 되므로 甲木이 재를 만나지 못하여 어차피 홀로 살게 되는 운이다. 남자에게 재운은 재물이요 여자인데 여자인즉 처를 뜻함이다. 그런데 사주 내에서 土인 재가 없다.

제8장 직업

년상 · 시상 · 편관 – 판사이다.

년상 · 시상 · 편관 사주 예

시주	일주	월주	년주	구분
甲	戊	庚	甲	사
子	午	午	午	주
木	土	金	木	오
水	火	火	火	행

이 사주는 戊午 일주가 庚午 월주에 태어나서 월령을 했
는데 일지에도 득지하여 신왕하다. 년간에 甲木이 인수가
되어서 지지에서 午火가 연·월·일지에 쌍립을 이루게 되
어서 지운(地運)이 강하다.

월간에 庚金에 식신이 시지 子水를 생조해 주게 되고 子
水는 甲木을 키워서 甲木은 戊土에 관이 되므로 관운이 왕
한 사주다.

년간 甲木과 시간 甲木이 천간에 투출이 되어서 관왕하게 되었다. 甲木은 큰 고목나무로서 큰 재목에 해당되어서 학자나 선비로서 명성이 자자할 것인데, 甲木이 일간에 관이 되어서 판사 등의 관직에서 크게 성장을 하게 되었다. 실제로 부장판사와 지원장을 두루 거치면서 요직(要職)을 지내게 된 사주이다.

사주에서 지지에 운이 강하고 火는 土에 인수가 되어서 여자들의 뒷바라지가 있게 된다. 지지는 여자를 뜻하고 인수가 많아서 어머니가 편모이다. 정인은 본인이 낳아준 모친인데 한꺼번에 3개씩이나 겹치게 되어서 모(母)가 편모가 되고 모친과 부인의 내조가 있게 된다.

년상편인격 – 산부인과 의사이다.

년상편인격 사주 예

시주	일주	월주	년주	구분
癸巳	丙寅	乙亥	甲申	사주
水火	火木	木水	木金	오행

이 사주는 丙寅 일주가 乙亥 월주에 태어나서 득령하지 못했으나 년간에 甲木과 월간에 乙木이 정인과 편인이 되고 일지도 편인이므로 신강하다.

인수가 태왕하여 신왕하다면 마땅히 설기를 해야 하는데, 사주 내에서 설기를 해야 할 식신과 상관인 土가 없다. 다행히 일지 寅木에 지장간에 戊土가 암장되어 있어서 일간 丙火의 왕한 기운을 화생토(火生土)로서 설기를 하게 되는데, 식신과 상관이 투출이 되지 않음으로써 지장간에 의지를 하게 된다.

지장간에 甲木이 모두 암장되어 있어서 목생화(木生火)하여 되돌려 받게 되니 노력한 만큼은 대가를 받게 된다. 실제로 이 사주의 직업은 산부인과 의사이다. 천간에서 甲乙木의 정인편의 생을 받게 되고 지지 지장간에는 내가 생하고 생을 받고 있어서 직업이 산부인과 의사이다.

년상정인격 - 시서(詩書)에 능하다.

년상정인격 사주 예

시주	일주	월주	년주	구분
庚 寅	丙 子	丁 丑	乙 卯	사 주
金 木	火 水	火 土	木 木	오 행

　이 사주는 丙子 일주에 태어나서 년간에 乙木에 인수가 있고 월간에 丁火에 겁재 그리고 간(干)의 전체가 木·火로 이루어져 있다. 천간 전체가 일간을 돕고 火와 木이 투출되면 시서(詩書)에 통달한다. 火는 밝고 빛이 나고 木은 견실해서 木에서 밝은 火가 생하고 火가 생하면 木이 소통하고 또 火의 온기로 木이 크므로 재주가 성장하고 지혜가 통달해서 시·서·화에 능한 문장이 된다. 그러나 일간이 일지에 子水의 관을 깔았으니 부부사이가 원만하지 못하고 水·火는 상극이면서 음양의 조화가 되어서 물과 불이 만나서 싸움을 하더라도 천륜이므로 쉽게 헤어지지 못하는 관계이다. 속이 들끓게 되어서 위장이 나쁘고 속병이 있게 된다.

월간 · 비겁 - 고급공무원이다.

월간 · 비겁 사주 예

시주	일주	월주	년주	구분
辛	壬	癸	壬	사
丑	寅	亥	午	주
	戊丙甲	戊甲壬		장간

이 사주는 壬寅 일주에 癸亥 월주로서 간(干)에는 일간을 돕는 오행이다. 그러나 壬寅 일주로서 寅에 앉아서 亥월을 만나면 가난하다.

壬寅 일주가 癸亥 월주에 생한 것은 寅木의 지장간에 甲木에 양목(陽木)이 10월에 생해서 水가 많게 되어 木이 침몰함으로써 가난하다.

亥水의 지장간에 甲木과 寅木의 지장간에 甲木이 투출이 되지 못했다 함은 천간에 水가 많고 기후가 찬 관계로 땅속에 木이 매몰되어서 갇혀 있다는 뜻이다. 寅은 학문과 예의를 주관하는 신인데 일주가 왕하지만 재가 없어서 가난하고, 정관이 충을 받아서 다시 합이 되면 국가의 고급공무원이다.

월상 · 정관 – 변호사다.

월상 · 정관 사주 예

시주	일주	월주	년주	구분
庚	乙	庚	丙	사주
辰	丑	子	申	
金	木	金	火	오행
土	土	水	金	

74	64	54	44	34	14	14	4
戊	丁	丙	乙	甲	癸	壬	辛
申	未	午	巳	辰	卯	寅	丑

이 사주는 乙丑 일주가 庚子 월주에 태어나서 득령을 하였으나, 乙木이 庚金의 관살에 못 이겨서 乙庚合金으로 합을 하게 되었다.

지지가 申子 반합이요 亥子丑 반국이다. 후천 운인 대운에서 초년 · 중년 운까지 巳午未 남방운의 관운이 들게 되어서 사법시험에 합격을 하였으나 판사, 검사의 발령을 받지 못해서 바로 변호사가 되었다. 일주가 타주로 합이 되었으니 신의를 잃은 격이다.

본인이 타고난 운이 乙木인데 월간 庚金에 乙庚合金으로 변신을 하게 됨으로써 첫째는 일지에 丑土인 부인에게 신

의가 없어서 부부 운이 좋지 못하고, 둘째는 인수인 부모와
신의가 없어서 부모에게 효도하지 못하게 되어서 가족관계
가 원만하지 않고 본인은 외롭게 된다. 중년 운에서 木 운
에서 발복이 있다.

월상·정관격 — 대학교수이다.

월상·정관격 사주 예

시주	일주	월주	년주	구분
甲寅	癸巳	戊申	丁丑	사주
木木	水火	土金	火土	오행

이 사주는 癸巳 일주가 戊申 월주에 태어나서 월지에 득
령을 하였으나 시간에 甲木에 상관이 있고 일지에 巳火에
정재가 있으나 월간이 戊土가 되어서 일간 癸水와 戊癸合
火로 변하게 되어 신이 왕하다. 그러나 癸水의 본질이 남아
있고 시주에 甲寅의 왕목(旺木)의 기질이 강해서 학자로서
의 명예가 높다. 사주 내에서 식신이 빼어나서 왕하고 문창
이 있으면 문학가이고 정관이 왕해서 관인(官印)이 상생하

면 정치가이다.

신강하고 재(財)가 약하면 공업을 주로 하고, 비겁이 상
련해서 많으면 자유직으로 자수성가하며, 재관(財官)이 왕
해서 일주가 건전하면 사업가이다.

신왕해도 좌우에 재가 없거나 신약해서 재가 없으면 사
업을 해도 실패하고, 사주 내에 합이 약하고 충이 약하면
사업에 전력해야 성공하고, 합이 많고 충도 많으면 자주 사
업을 변경하므로 성공하지 못한다. 수왕(水旺)해서 역마를
띠면 유동사업이요, 영업·외근직이고, 화왕수왕(火旺水旺)
하면 기계공업을 주로 한다.

월상·겁재격 − 경찰 치안감이다.

월상·겁재격 사주 예

시주	일주	월주	년주	구분
庚	丙	丁	壬	사
寅	寅	未	午	주
	戊丙甲	丁乙己	丙己丁	장간

79	69	59	49	39	19	19	9
乙	甲	癸	壬	辛	庚	己	戊
卯	寅	丑	子	亥	戌	酉	申

丙寅 일주가 丁未 월주에 태어나서 년지 午火를 만났으니 태왕하다. 일지·시지는 편인으로서 신이 태왕하다. 일지·시지에 寅木의 지장간에는 丙火가 있어서 일간의 비견이 되므로 외부에서 보기와는 달리 경쟁심이 매우 강하다.

초년 대운이 申酉戌로 흘러서 재국으로서 사주를 이끌었고 39세 이후 亥子丑 대운이 관(官)운으로 들면서 승승장구하여 경무관 치안감까지 승진하게 된 사주다. 시간 庚金의 재가 건재하여 재산이 많고 조직 내에서 시기와 질투하는 세력이 많아서 59세 대운 癸丑 운에서는 퇴직하게 되었다.

월간·겁재는 丁壬合木으로서 인수로 변하게 되어서 태왕하나, 壬子 운에서 차고 시원한 水의 방국으로 흘렀으니 무난하다. 그러나 59세 癸丑 운에서 癸水는 비겁인 丁火를 극하게 되고 丑土는 未土를 충하게 되어서 관직에 옷을 벗게 되었다. 비겁격으로서 비겁이 충을 받고 밀리면 寅木 중에 丙火인 비견이 왕성해지게 됨으로써 과히 운이 좋지 않게 되는 것이다.

월상 · 편인 — 배우이다.

월상 · 편인 사주 예

시주	일주	월주	년주	구분
己 未	戊 午	丙 申	丁 巳	사 주
土 土	土 火	火 金	火 火	오 행

이 사주는 戊午 일주가 丙申 월주에 태어나서 득령을 하지 못했으나 월간과 년지에 편인이 되어서 신왕하다. 특히 일지 午火가 정인이다.

사주 내에 편인이 많고 비겁이 많으면 경쟁의식이 강하고 의심이 많다. 甲 · 丙 · 戊 · 庚 · 壬 일간에 생한 사람이 년월일에 모두 편인이 있으면 의사, 철학가, 배우, 연예인 등의 직업이다.

편인이 관대(冠帶)에 있으면 환난이 들고 인수가 사 · 묘 · 절 · 병(死 · 墓 · 絶 · 病)에 있고 오행이 균등하면 의사, 기술자, 문학가이다.

이 사주는 외격으로서 월지 · 식신 申金에 지장간 중에 壬水가 있는데, 그 壬水는 년간에 丁火에게 丁壬合木으로 유도하여 木은 戊土에 관이 되므로 식상생관격이 되었다.

정인 · 편인이 많은데 丁火를 합으로 제거해줌으로써 일
간에게 도움이 되고 戊土에 壬水는 재가 됨으로써 水 운이
들어오면 많은 재물이 모이게 된다.

월지 · 편인 - 방송작가이다.

월지 · 편인 사주 예

시주	일주	월주	년주	구분
丙辰	癸酉	丁酉	丙辰	사주
火土	水金	火金	火土	오행

이 사주는 癸酉 일주가 丁酉 월주에 태어나서 신강한 사
주이다. 사주에서 월지와 일지가 金으로서 금생수(金生水)
하여 물이 끊임없이 흘러넘치게 되어서 작가 사주로서 적
합하다.

천간은 하늘이요 양(陽)이며 남자를 뜻하고 동적이여서
열심히 움직이는 반면 년간에서는 정재가 자리하고 있고
월간에는 편재가 있어서 위에서 물려주는 재성이 과다하므
로 새삼 돈을 벌지 않아도 된다.

조상代부터 부모에게서 물려받은 유산이 많다는 뜻이다.

그리고 시간에는 甲木이 투출하여 큰 고목나무와 같이 명성을 알리면 되는 것이다. 반면에 지지는 음(陰)이고 땅이며 음(陰)은 정적이므로 여자에 해당이 되어서 辰辰과 酉酉가 무거워서 움직이지 않는 체(體)이다.

그래서 땅 속에서 물이 하늘로 치솟는 격인데, 많은 물은 못되고 癸水는 음수(陰水)이므로 여자로서는 장녀가 된다. 辰은 관이고 甲木이 상관이여서 아들이 1명 있는데 보통은 넘는 인물이여서 귀하게 되는 재목이다.

일지 · 정관 – 서화인이다.

일지 · 정관 사주 예

시주	일주	월주	년주	구분
戊	庚	乙	戊	사
子	午	丑	寅	주
土	金	木	土	오
水	火	土	木	행

이 사주는 庚午 일주가 乙丑 월주를 만나서 신강하다. 그런데 일지 午火가 寅午 화국의 반합이다.

상관이 살을 억제하면 총명하다. 상관이 살을 억제하면

상관이 우세하고 상관이 우세하면 정기가 설기되어서 氣가 외부로 발산하므로 총명하고 아울러 칠살을 부리므로 더욱 총명하다.

상관이 인수를 만나고 살을 억제하면 서화에 예술능한 특수한 기능이 있다. 일주가 약하고 상관이 왕하면 인수가 일주를 돕고 상관을 극해야 하며 이 때에 칠살이 있으면 칠살이 약한 일주를 극해서 위험하다.

그러므로 상관으로 칠살을 제하고 인수는 일주를 도우면 모두가 안전해서 인수는 학문을 주관해서 서화에 능통하고 칠살은 교묘해서 장기나 기예에 능하다. 칠살이 괴강을 만나고 충이 되면 생살의 권세를 잡은 사람이다.

일지 · 겁재 – 스님 사주

일지 · 겁재 사주 예

시주	일주	월주	년주	구분
丁 巳	癸 亥	癸 巳	辛 巳	사 주
	戊甲壬	戊庚丙	戊庚丙	장간

이 사주는 癸亥 일주가 년간에 辛金의 인수가 있고 巳火

는 정재인데 巳火의 지장간에 庚金이 암장되어 있어서 인수와 같은 역할을 하게 됨으로써 신왕하다. 이 사주는 식신·상관이 없고 관이 없는 스님 사주이다. 癸亥 일주에 일지 亥水가 겁재가 됨으로써 여자와 인연이 멀다.

亥水의 지장간에 戊甲壬이 암장되어 있는데, 그중 戊土는 일간 癸水와 戊癸合火로서 유도를 하고 있고 甲木은 癸水를 설기하고 壬水는 비겁으로서 癸水가 가진 것을 빼앗아가려는 속셈이 있다.

특히 癸亥 일주가 되면 음인격의 간여지동이 되어서 부부에 인연이 미약하다. 巳火의 지장간에는 戊庚丙이 암장되어 있는데, 庚金은 어머니가 되고 丙火는 부친이 되어서 부모와 사별하게 되어서 절로 들어가게 되었다.

사주가 신강하고 인수가 없으면 스님 또는 도인이고 신강하고 재가 없으면 스님이다. 그러나 재관(財官)이 왕해서 일·시에 氣가 통하면 고관직 공무원이다.

시간 · 편관 – 기생(妓生)이다.

시간 · 편관격 사주 예

시주	일주	월주	년주	구분
戊	壬	丁	庚	사
申	辰	亥	寅	주
戊壬庚	乙癸戊	戊甲壬	戊丙甲	장간

이 사주는 壬辰 일주가 丁亥 월지에 태어나서 신왕하지
만 壬辰 일주에 戊가 들면 매우 흉하다. 양토(陽土)가 水를
극하면 일주가 약해져서 흉하고 土는 水의 관살이 되는데,
木이 많으면 관살을 극하고 寅 중에 丙火가 壬水의 재요,
戊土는 壬水의 관으로 재관이 상생한다. 사주 내에 辰이 많
으면 土가 壬일간를 극해서 완전히 패하게 되나 辰辰 자형
으로 지장간을 파해서 辰土의 지장간에 戊土의 관이 출세
하여 귀하다. 그러나 이 사주는 지지 중에는 戊土가 있어서
그 戊土가 시간에 투출이 되어서 편관격이 되었는데, 년간
에 庚金이 인수이고 월지 亥水의 지장간에 壬水가 뿌리를
하고 있다 해도 관왕하고 신왕하여 동류가 되어서 여자 사
주가 호객(呼客)하지 아니할 수 없다.

시간·상관격 − 대학교수다.

시간·상관격 사주 예

시주	일주	월주	년주	구분
甲 寅	癸 巳	戊 申	丁 丑	사 주
木 木	水 火	土 金	火 土	오 행

79	69	59	49	39	19	19	9
丁 巳	丙 辰	乙 卯	甲 寅	癸 丑	庚 子	辛 亥	壬 戌

　　남자 사주가 癸巳 일주에 戊申 월주에 태어났다. 천간에 戊癸火로서 합을 하게 되었고 시주에는 甲寅의 木이 巳火와 년간에 丁火의 도움을 얻어 활활 타게 되었다.

　　어린 소년기부터 亥子丑 대운으로 잘 흘러줌으로써 대학교수로 진출하게 되어 정년까지 무사히 지내는 사주이다. 한때는 장관의 발령까지 기대를 하였으나 관운에는 미치지 못하는 사주이다.

　　일간 癸水는 월간 戊土와 戊癸合火로서 본다면 년주의 丁火와 시주의 甲寅의 도움으로 그럭저럭 지낼 수 있는 사주이다. 그러나 戊癸火로 변신을 하고 보니 신왕하여 관을 용신으로 삼으니 水 운에서 발복을 하게 되었다.

시간 · 정재격 — 대학교수다.

시간 · 정재격 사주 예

시주	일주	월주	년주	구분
戊寅	乙未	乙亥	己亥	사주
	丁乙己	戊甲壬	戊甲壬	장간

이 사주는 乙未 일주가 乙亥 월주에 태어나서 득령을 하였고 일지 未土가 木에 고(庫)가 되어서 신이 왕하고 乙木에 亥水는 장생이 되어 청고(淸高)한 학자 스타일이다.

이 사주의 주인공은 실제로 대학의 교수로 있으면서 평생 학문을 연구하였다. 乙木의 일간이 학자풍의 기질을 가진 것은 乙木은 원래 꿋꿋하고 노력형인데다, 亥水 지장간에 甲木이 암장되어 있어서 甲木과 乙木은 자라나는 데 뜻이 있으므로 배움과 인연이 깊어서 학생들을 가르치는 직업을 가지게 되었다.

특히 이 사주는 일간 乙木이 일지 未土에 암장되어 있고 그 乙木이 월간에 투출이 되어 배다른 형제가 있게 되는데, 乙木을 키워준 어머니는 亥水가 된다. 년지·월지가 亥水의 비견이 있어서 비견은 같은 급의 모친이 된다.

시간·편재격 – 화류계이다.

시간·편재격 사주 예

시주	일주	월주	년주	구분
癸	己	壬	丙	사
酉	卯	辰	午	주
水	土	水	火	오
金	木	土	火	행

이 사주는 己卯 일주가 壬辰 월주에 태어나서 월지에 辰土를 만났지만 일지에 卯木의 관을 만나서 신약하다.

여자 사주가 일지에 관을 깔고 앉아 있고 년주가 丙午로서 인수가 왕하다 할지라도 천간에서 丙壬 충이 되었고 午火가 辰土와 상생이 되어서 신강한 사주다. 그런데 일지 卯木이 편관인데 시지와 酉金과 卯酉 충이 되었고 일지 卯와 월지 辰土는 목국(木局)의 반합이 되어서 관이 왕한데 午와 辰이 만나서 수 옥살이 되어서 관을 가두어 놓게 되었고 일지 卯에 관은 시지 酉金이 가두어 놓게 되어서 관이 활발하게 움직일 수 없다.

특히 일간 己土가 일지 관을 누르고 있고 월간 시간에 壬癸水를 일간이 극하여 재성으로 끌어들이고 있어서 木이 매몰이 됨으로써 관이 무관(無官)하게 되어 남자가 없게 된다.

특히 여자 사주가 재 왕하면 팔자가 사납다는 것인데, 일간이 土로서 재성이 水가 되어서 水를 찾아서 직업을 가지게 된다. 그 직업은 술집에 유흥업소가 되어서 과거에는 이러한 사주를 기생 사주라 하였다. 사주의 구성조건은 선천적인 운을 말함이요, 다행히 후천 운에서 좋은 운이 들게 되면 운이 잘 풀리는 경우도 있다.

시상 · 식신(食神) - 풍류객이다.

시상 · 식신 사주 예

시주	일주	월주	년주	구분
丙	甲	丁	戊	사
子	子	卯	寅	주
			戊丙甲	장간

이 사주는 甲子 일주가 비견과 겁재가 많아서 신왕하다.

가령 甲木 일주가 생왕(生旺)이 되고 비견이 많으면 상관인 火를 기용해서 일주를 설기해야 한다.

비견이 많으면 재도 많아야 하고 한편으로 정관인 金을 기용해서 비겁을 억제해야 비로소 일주가 생해서 부귀하게 되므로 이 때에는 관이 길신이다. 예를 들어서 金일간 이 子월에 생하고 주 중에 亥丑이 있으면 亥子丑의 水氣가 강하고, 金이 차고 냉하여 가난하니 이 때에 丁火의 관이 들어오면 金水가 따뜻하게 되어 활용이 되므로 부귀하게 된다. 그런데 이 사주는 甲木 일간이 년지·월지에 비견·겁재가 즐비하고, 지지 子水에 인수가 왕하므로 土로서 재를 용신으로 하는 것이 좋고, 년지 寅木의 지장간에 丙火가 시간에 투출이 됨으로써 식신이 왕하여 일간이 현명한 처세를 할 수 있다. 그래서 식신도 경우에 따라서 좋을 때도 있다.

이 사주는 후천 운인 대운과 세운에서 木 운을 기대하기 힘들어서 土 운으로 그럭저럭 지내게 되고 지내게 된다고 보는 것이다.

시상 · 정재 - 이발사다.

시상 · 정재격 사주 예

시주	일주	월주	년주	구분
乙	庚	丙	壬	사
酉	戌	辰	辰	주
	辛丁戊	乙癸戊	乙癸戊	장간

이 사주는 庚戌 일주가 丙辰 월주에 태어나서 신강하다. 월지에 득령을 했고 일지에 득지를 했는데 일지 戌土가 辰土와 辰戌 충이 된다.

일지 戌土는 일간 庚金에게 토생금(土生金)으로 생해야 하고 시지에 酉金까지 생해야 하므로 일지가 허약해서 처가 병약하다. 이 사주는 년지와 월지에 辰土의 지장간에 乙癸戊 중 乙木이 시간에 투출이 되었지만 乙木이 일간 庚金과 乙庚 合金이 되어서 초목이 자라지 못하는 이유가 된다.

乙木은 자라나는 싹과 같은데 자라는 대로 庚金과 합을 하여 없애버림으로 이것은 마치 머리가 자라나는데 가위로 머리를 자르는 형상과 같다. 실제로 이 사주에 주인공은 어릴 때부터 지금까지 평생을 이발사로 종사하고 있다.

시상 · 상관 - 면도사 직업여성이다.

시상 · 상관격 사주 예

시주	일주	월주	년주	구분
己	丙	甲	戊	사주
丑	子	子	戌	
癸辛己			辛丁戊	장간

이 사주는 丙子 일주가 甲子 월주에 태어나서 신약하다. 子水가 왕한데 월지 · 일지에 쌍립을 이루게 됨으로써 관왕한 사주다.

그런데 子水에 관이 木을 키워서 목생화(木生火)로 생조를 해 주게 된다. 水가 木을 키운다 함은 여자가 남자를 도와서 본인에게로 다시 생조를 받게 되는 것이다. 이러한 사주는 외격에서 관인 상생격이 되어서 관이 인수를 키워서 본인에게 되돌아오게 되는 것인데, 여자 사주가 관을 2개씩이나 깔고 앉았다 함은 팔자가 드세게 되어서 남자의 氣를 누르는 것이다.

관은 남자인데 남자를 둘씩이나 깔고 앉았다는 것은 일반 부녀자로서는 있을 수가 없는 것으로 직업인이 아니고서는 불가능하여 이 사주는 실제로 이발소에서 면도사로서비스 업종에서 일하는 사주다. 그리고 지지에 戌土의 지장간에 辛金이 암장되어 있어서 관을 생조해 주고 丑土의 지장간에 癸辛己가 암장되어 있어서 水인 관을 도와주는 오행이다.

신왕관왕(身旺官旺) - 대학총장이다.

시간 편관격 사주 예

시주	일주	월주	년주	구분
戊	壬	戊	乙	사
申	戌	子	亥	주
土	水	土	木	오
金	土	水	水	행

이 사주는 壬戌 일주가 戊子 월주에 태어나서 월지를 얻었고 년지에 亥水와 시지에 편인 申金이 있어서 신이 왕하고 월간·시간에 편관이 자리하고 있어서 관왕격이 된다.

사주 내에서 신왕하고 관왕하게 되어서 귀명(貴命)이다. 사주에서 합은 있는데 충이 없는 것이 특징이다. 귀명이 되려면 이처럼 칠살이 없어야 좋다. 이 사주의 주인공은 모 대학의 총장 사주로서 사주 내에서 귀명이 되려면 지지에서 칠살이 없어야 하고 합이 많아야 좋다는 것을 누누이 말했다.

합이란 서로 도와주고 협조해 주는 관계가 되어서 귀하다. 그런데 반대로 충이나 극이 많으면 사회에서 충돌과 시비 거리 등 장애가 많아서 제약을 받게 되므로 출세와 거리가 멀게 된다.

특히 사주 내에서 칠충이나 극이 많으면 사소한 일에도 스스로 시비거리를 만들게 되어서 법정 소송으로 얼룩지게 된다. 그러나 이 사주처럼 합이 많고 신왕하면 순조롭게 출세하게 되고 재물도 생기게 된다.

신왕재왕(身旺財旺) - 언론사 사장이다.

월간 · 비겁격 사주 예

시주	일주	월주	년주	구분
乙 亥	己 未	戊 寅	乙 亥	사 주
戊甲壬	丁乙己	戊丙甲		장간

이 사주는 己未 일주가 戊寅 월주에 태어나서 월령을 하지 못했고 일지에 未土에 비견을 만났고 년간 · 시간에 乙木에 편관이 버티고 있다. 월지 寅木의 지장간에 戊土가 월

간에 투출이 되어서 겁재격이 되었는데, 겁재격이 되었다
함은 겁재가 사주를 총지배하고 있다고 보는 것이다.

이 사주는 월지 寅木의 지장간에 丙火와 일지 未土에 지
장간에 丁火가 암장되어 있어서 음성적으로 일간을 돕고
있고, 가장 중요한 것은 년지의 亥水와 시지의 亥水에 지장
간에 甲木이 암장되어 있는데, 이 甲木이 일간 己土와 甲己
合土가 되어 재가 신을 도와주게 된다.

이는 신왕재왕(身旺財旺)한 사주로서 실제로 이 사주의
주인공은 모 언론사 사장의 사주로서 말년까지 부와 명예
를 지킨 사람이다.

신왕재왕 – 물로 하는 직업 성공한다.

편인격 사주 예

시주	일주	월주	년주	구분
庚戌	壬午	癸酉	甲午	사주
金土	水火	水金	木火	오행

이 사주는 壬午 일주가 癸酉 월주에 태어나서 월간에 癸

水가 있고 년간 甲木을 생조해 줌으로써 午火를 생해서 재국(財局)을 만들어 주었다.

일지 午火는 午戌의 화국(火局)의 반합을 이루어서 재왕하고 일간에 壬水는 큰 물인데 월지·시간에 편인이나 정인이 있어서 사주가 편인격이 되었다 함은 편인에 의해서 영향을 받게 된다는 뜻이다.

그래서 이 사주는 신왕하고 재왕하므로 재물복과 처덕이 있게 된다. 그러나 사주가 신왕하고 겁재가 있으면 이것은 비겁으로 변하게 된다.

그래서 월간에 癸水가 있어서 형제간에 동지 또는 동업자간에 분란이 있게 된다. 그런데 이 사주는 년주가 甲午가 되어서 각자 분담하는 역할이 있게 됨으로써 크게 염려할 바는 못되고, 일간이 왕하고 월지에 酉金에 후원을 받고 또는 시간에 庚金이 있어서 水가 왕하여 이러한 사주는 직업을 가지더라도 水로서 하는 직업을 가지면 크게 성공을 하게 된다.

식신격 − 서예가이다.

식신격 사주 예

시주	일주	월주	년주	구분
丙	己	辛	癸	사
寅	卯	酉	酉	주
火	土	金	水	오
木	木	金	金	행

이 사주는 己卯 일주가 辛酉 월주에 태어나서 시간에 丙火가 시지에 뿌리를 박은 인수로서 생조를 해 주게 됨으로써 태약(太弱)을 면하게 되었고, 일지 卯木의 지장간 중에 甲木이 일간의 己土와 甲己合土가 되어서 관살생인격이 되었다.

결국 관이 甲己合土가 되었고 卯木의 丙火를 화생토(火生土)를 하게 되어서 결국 일간에게 생조해 주게 되므로 관살생인격이 되었다는 것이다.

그런데 년지와 월지가 酉金이 되어서 酉金은 먼 장래를 예측할 수 있는 예지력이 남다르고, 예능방면에서 뛰어난 재질이 있어서 예술계통이나 역학계통에서 성공을 하게 되는데, 년간에 癸水가 투출이 되어 있으므로 癸水는 일간에 재가 된다. 癸水는 꼼꼼하여 손으로 하는 직업이 알맞다. 癸는 음수(陰水)인데 섬세하다면 무슨 일을 할까?

그것은 금생수(金生水)를 받아서 한없이 물이 나오게 되니 음수(陰水)는 검고 그 모양이 적어서 실제로 서예를 하는 사주다.

붓끝으로 글씨를 쓰게 됨으로써 서예가로서 수십년 동안 갈고닦아서 己土에 재가 되어 돈이 되므로 작품을 팔아서 먹고 살았다. 그리고 사주 내에서 金이 많으니 많은 주옥같은 글씨를 세상에 남기게 되었다.

식신생재격 I - 재벌이다.

식신생재격 사주 예

시주	일주	월주	년주	구분
辛 卯	辛 丑	庚 子	辛 巳	사 주
金 木	金 土	金 水	金 火	오 행

이 사주는 辛丑 일주가 庚子 월주에 태어나서 년간·월간·시간에 비견이나 겁재를 만나서 신왕하다. 사주 내에

서 천간 전체가 金이 되어서 성격이 매우 냉정하고 결단성과 끈기가 있는 것이다. 천간은 하늘이요 양(陽)이며 남자를 뜻하며 정신세계를 주도하게 되어서 辛金의 다듬어진 보석과도 같아서 주변의 시선을 끌게 되는 것이다. 이것은 선천적으로 타고 나게 되는 것이다.

지지는 음(陰)이고 체(體)가 되어서 모든 만물이 소생하고 소멸하는 것이다. 그런데 지지에서 상관과 정관이 있고 인수와 재성이 골고루 배열이 되어 있다는 점이다. 지지는 무겁고 음(陰)인 반면 그 기운이 오래간다. 그런데 이 사주는 월지에 상관인 子水가 있어서 월간 庚金이 설기를 당하게 되었고, 庚金은 비겁격으로서 辛金의 3개의 비견이 있어서 庚金이 버티어 내기 힘들어서 부모형제와 일찍 헤어지게 된다.

그러나 중년기를 넘어서면서부터 일지 丑土의 도움이 크게 되어서 형편이 좋아지다가 장년기부터는 재성이 강하여 크게 발복을 하게 된다.

월지 子水가 재성인 卯木을 한없이 키워주게 되어서 신왕한데, 재가 왕하여 재물을 많이 모으게 되고 일간이 다듬어진 金이 됨으로써 명예가 크게 알려지게 되는 사주이다.

식신생재격Ⅱ - 재벌이다.

식신생재격 사주 예

시주	일주	월주	년주	구분
壬 戌	戊 申	戊 寅	庚 戌	사 주
辛丁戊	戊壬庚	戊丙甲		장간

　이 사주는 戊申 일주가 戊寅 월주에 태어나서 신왕하다. 월간에 戊土에 비견이 있고 년지와 시지의 戌土가 비견이요 월지 寅木의 지장간에는 丙火가 암장되어 있어서 신왕한 사주로서 시간에 壬水가 일지 申金에 지장간에 뿌리를 박고 있어서 매우 강력한 기운을 가지게 되었다.

　戊土가 일지에 申金으로써 식신인데 申金은 시간에 壬水를 생조해 주게 됨으로써 외격에서 식신생재격이 되고 월지 寅木은 년지와 시지에 戌土와 寅戌, 寅戌로 화국(火局)에 반합이 되어 일간을 생조해 주게 되므로 무엇보다 일간이 왕하다.

　년·월·일·시지에 지장간에 모두 戊土가 암장되어 있어서 일간이 튼튼하다는 것이고, 거기에 재가 강하게 투출이 되어 있으므로 신왕재왕한 사주로 월간에 戊土의 비견이 있으므로 이러한 사주는 개인업체를 가진 사주가 아니라 주식회사 법인을 가진 재벌급의 사주라는 것을 알 수 있다.

상관생재격 – 재벌이다.

상관 생재격 사주 예

시주	일주	월주	년주	구분
戊 寅	庚 寅	戊 子	乙 卯	사 주
	戊丙甲			장간

이 사주는 庚寅 일주에 월간 戊土가 있어서 인수가 되었고 시간 戊土 또한 양토(陽土)로서 인수가 되어서 庚金을 도와주는 것이 것으로 신강한데, 그것도 모자라서 년간 乙木이 乙庚合金이 되어서 매우 신강하다.

천간이란 하늘의 뜻이요, 하늘은 천기(天氣)를 말하는데 태어날 때부터 천운(天運)을 잘 타고 났다는 것이다. 사주 구성이 잘되었다는 것은 천간에 기운이 일간을 돕게 되므로 이것은 선천적으로 타고 났다는 것인데, 그에 따라서 지지는 음(陰)으로 음은 재성에 해당하여 재물과 여자가 많이 따르게 된다는 것이다.

월지 子水는 지지에 있는 木인 재를 키워서 재가 되는 것인데, 이렇게 되면 본인이 庚金이어서 금생수(金生水)가 되어서 水는 수생목(水生木)으로 재성을 키우게 되는 것이다. 이렇게 되면 상관생재격이 된다.

그래서 이 사주는 자수성가를 하게 되고 庚金이 단단하여 빈틈이 없고 고집이 대단하다. 오직 재물이 지지에 즐비하게 되어서 재에만 관심이 있고 정재는 년지에 있고 일지·시지에는 편재가 있어서 다른 여자를 거느리게 되는 것이다.

그런데 일지 寅木의 지장간에 戊丙甲이 암장되어 있어서 그 戊土가 천간에 투출이 되어 많은 사람들이 위아래로 도와주게 되고 丙火는 관이 되어서 관과의 유대가 돈독하게 되는 것이며, 편재는 역시 甲木이 즐비하게 되므로 혼자 하는 사업체가 아니라 주식회사를 거느리게 된다.

상관 · 칠살 · 양인 – 군인이다.

시상 · 상관격 사주 예

시주	일주	월주	년주	구분
辛	戊	癸	壬	사
酉	辰	卯	午	주
金	土	水	水	오
金	土	木	火	행

이 사주는 戊辰 일주가 癸卯 월주에 태어나서 신약하다. 일간 戊土는 월간 癸水와 戊癸合火가 되고 있다. 신약할 때 변신이 되면 년지의 午火와 월지의 卯木의 도움이 크게 되어서 나쁠 것이 없어 보이나 戊癸合火가 됨으로써 본인의 신분을 저버리고 타 신으로 가게 되므로 첫째는 火에게 신의가 없고 金에게 신용이 없어서 활동의 제약을 받게 된다. 사주 내에서 상관이 칠살과 양인이 들어서 살과 양인이 생하면 군인이고 상관 · 식신이 재를 생하고 신과 재가 세력이 균등해서 왕하면 상인(商人)이다. 그러나 戊土가 본인의 신분을 저버리고 火로서 변신이 되어서 장사를 한다 해도 영세한 상인이다. 장사는 신용이 밑천보다 낮다는 옛말이 거짓이 아니다.

식신격 – 지도자 스님

식신격 사주

시주	일주	월주	년주	구분
丙	甲	壬	乙	사
寅	子	午	亥	주
火	木	水	木	오
木	水	火	水	행

이 사주는 甲子 일주가 壬午 월주에 태어나서 일지 子水에 득지를 했고 월간에 壬水가 있어서 신왕한 사주이다.

이 사주는 지도자 스님의 사주이다. 그런데 사주의 구성상 월지 午火는 년지에 亥水, 그리고 월간에 壬水, 일지에 子水로서 사방으로 水로 둘러싸여 있으므로 수극화(水剋火)가 되여 단명하게 되었고 일간 甲木은 일지 子水가 있고 월간에 壬水가 생조를 해 주게 됨으로써 신왕하고 시간에 식신이 있고 인수가 강하다.

일간이 신왕하게 되면 재성이 있어야 할 텐데 재성이 하나도 없다. 재는 여자이며 재물을 뜻하는데, 재가 하나도 없어서 일반 사람과는 달라서 스님으로서 큰 지도자가 되었다.

그리고 신왕하고 인수가 있고 식신이 있게 되면 마땅히

관이 있어야 벼슬과 권력이 있게 되는데, 사주 내에서 관이
없다. 이렇게 되면 재물과 여자와 명예나 권력이 아무 소용
이 없어서 진정한 큰 스님의 사주가 되었다. 이토록 사주는
선천적인 운에서 태어나게 됨으로써 후천 운에 영향을 받
고 운명이 흘러가게 되는 것이다.

신강우왕(身强又旺) - 농업인이다.

시간겁재격 사주 예

시주	일주	월주	년주	구분
戊 辰	己 亥	丙 子	乙 未	사 주
土 土	土 水	火 水	木 土	오 행

이 사주는 己亥 일주가 丙子 월주에 태어나서 실령을 하
였으나 천간이 일간을 돕고 있고 시지에 辰土의 겁재와 년
지에 未土의 비견이 신을 도움으로써 신강하다.

이 사주는 신왕하고 비견·겁재가 왕해서 태왕이 되고
여기에 인수가 있으면 신강재왕하게 되는데, 상관·식신이
없어서 왕한 신을 설기하고 재를 생하지 못하게 됨으로써

대체로 답답한 사주 구성이 되는데, 사주에서 있는 재도 비겁이 흡수하여 고갈시키게 되어서 재가 부족한데 땅이 넓어서 때에 따라서 물이 필요한 일에 열중하게 되는 것이다.

그래서 이 사주는 사주 내에서 火·土·水 오행이 주관이 됨으로써 농업을 하면 대농(大農)을 하게 되는 사주로 과거부터 전형적인 농부의 사주이다.

사주 내에서 土 오행이 많다 함은 토지가 넓다는 것으로 거기에 온도와 水氣가 충분하여 자원이 풍부한 사주가 된다. 시지 辰土에 지장간에는 乙木이 뿌리를 하고 년간에 乙木이 투출이 되어서 농작물의 터전이 되고 있다.

음토(陰土)가 많아서 소작농이다.

시상 편인격 사주 예

시주	일주	월주	년주	구분
癸未	乙未	丁卯	己丑	사주
水土	木土	火木	土土	오행

이 사주는 乙未 일주가 丁卯 월주에 태어나서 득령을 하였고 득지를 했다. 사주 내에서 木 오행과 土 오행이 쌍벽

을 이루고 있다. 丑土, 未土, 己土가 있는데 癸水의 수분이 있고 丁火의 온도까지 있어서 乙木이 잘 자라고 있다.

가령 왕목(旺木)이 있으면 과수원을 할 수 있는데, 乙木은 음목(陰木)으로서 농업을 주로 하는 소농가이고 土가 음토(陰土)가 되어서 대농가는 아니다.

사주에 여덟 글자는 태어나면서부터 구성이 되어지는 선천 운으로서 부모에 운이 많이 작용하게 된다. 아기가 태어날 무렵에 부모도 운이 좋아야 태어나는 아기의 사주 구성이 좋게 된다.

그래서 사주의 구성을 두고 선천 운이라고 하여 사주팔자가 부모나 조상과 유전적인 면이 많은 것이 대부분이다.

이 사주는 년지가 丑土가 되어서 일지 未土와 丑未 충을 하고 있다. 그런데 월지 卯木이 卯未로 목국(木局)의 반합이 됨으로써 충은 해소가 되면서 丑土에 조상에게서 물려받은 토지가 있다.

인수와 식신 – 예술인이다.

인수와 식신 사주 예

시주	일주	월주	년주	구분
丙 寅	甲 寅	壬 戌	壬 午	사 주
火 木	木 木	水 土	水 火	오 행

이 사주는 甲寅 일주가 壬戌 월주에 태어나서 월지에 득
령하지 못했다. 그러나 년·월간에 壬水에 편인을 만나서
甲木이 왕하다. 인수가 관을 만나면 성질이 선량하고 정관
과 정인은 어질고 뛰어나서 관인(官印)이 상생하면 자신은
선량하다. 土가 金을 만나면 총명하고 준수하게 되는데 土
는 신의를 주관하고 金은 의리를 주관하므로 土金이 상생
하여 총명하고 준수하다.

정관이 재를 만나면 지혜가 많고 식신이 왕하면 처세가
평화롭고 식록이 많으므로 자유롭다. 인수가 많으면 위인
이 준수하고 일주가 장생(長生)에 있으면 청고한 선비정신
이 있으며 일시에 庚辛이 들어서 왕하면 인(仁)을 좋아하고
의(義)를 숭상한다.

사주가 수생목(水生木)⋯목생화(木生火)로 통변이 되어서

관운인 金이 들어와도 무방하고 재운인 土가 들어와도 좋아
서 대운과 세운에서 土·金 운에서 발복이 있다. 일주가 甲
寅으로서 예술계통이나 학자계통의 직업이 많다.

인수격 – 예술가다.

인수격 사주 예

시주	일주	월주	년주	구분
丙申	丙寅	乙卯	己亥	사주
火金	火木	木木	土水	오행

이 사주는 丙寅 일주가 인수가 왕하고 관이 약하다. 여자
사주에서 관이 약하여 인수가 많으면 노후에 고생을 하게
된다.

丙일간에 관이라면 水가 되는데 년지에 亥水가 있어도
지지가 亥卯로 목국(木局)에 반합이 되어서 관에 힘이 소멸
되었다.

그런데 대운이나 세운에서 水운이 들어오게 되면 인수인
木을 키워서 더욱 좋지 못하다. 여자 사주에서 관(官)이 남

자로서 관인 水가 들어와도 제대로 관이 역할을 하지 못한다 함은 남자가 없다는 뜻이다.

그래서 여자 사주에서 인수가 상관과 양인과 동주가 되면 여승(女僧)이고, 인수가 있고 정재가 많으면 비천하고, 월지 중에 인수가 있어서 정인격으로 파(破)가 없으면 문학가이며, 정인격이 주 중에 있고 또 인수가 많고 관성이 없으면 예술가에 명이다. 이 사주는 월지 卯木의 지장간에 甲木이 있는데 년간에 己土와 甲己合土가 되고 있어서 土가 뿌리를 하고 투출이 되어 있어서 己土를 용신으로 삼으면 土 운에서 丙火의 기운을 설기하게 됨으로써 사주 운이 순조롭게 풀리는 듯 하나 土가 용신이 되어도 관인 水를 고갈을 시켜서 남자는 없어서 과부이다.

인수격 - 재관이 없어서 기생이다.

인수격 사주 예

시주	일주	월주	년주	구분
己 卯	庚 辰	己 酉	壬 辰	사 주
土 木	金 土	土 金	水 土	오 행

이 사주는 庚辰 일주가 己酉 월주에 태어나서 월지를 얻어서 신왕하고 일지에도 득지를 했고 월간·시간에 인수가 있어서 신이 태왕하다.

여자 사주가 신이 태왕하다 함은 고집과 성격이 대단하여 타인과의 타협이 있을 수 없고 결코 고개를 숙이지를 않게 된다. 여자 사주는 신이 약간 약한 듯하여 부드러워야 길상이다. 그런데 신이 태왕하게 되면 쉽게 말해서 팔자가 드세다고 할 수 있다.

그리고 여자 사주에서 꽃은 관으로 관이란 남자를 뜻하게 되는데, 관이 없으면 남자가 없게 되므로 쓸데없이 남자를 무분별하게 만나게 된다. 그리고 이 사주의 일간이 庚金이요 金이 태왕하면 火가 들어와서 金을 녹여야 할 것이라 생각하나 이것은 잘못된 발상이다.

火가 들어오면 土를 도와서 金이 더욱 왕해지게 되어서 오히려 역작용이 나게 된다. 그래서 火가 남편인데 이 사주는 남자가 없게 되고 있어도 피해가 된다. 그래서 이러한 사주는 남자를 만나서 결혼을 해도 좋지 않다. 그리고 왕한 金을 설기해야 할 곳은 水를 말함이니 물장사를 하는 곳을 찾게 된다. 여자가 물이 있는 곳을 찾는다면 유흥업소가 되어서 이 사주는 화류계 기생 사주다.

관이 없어서 창녀이다.

水·木 상생격 사주 예

사주	일주	월주	년주	구분
乙卯	癸亥	乙巳	壬子	사주
木木	水水	木火	水水	오행

이 사주는 癸亥 일주가 乙巳 월주에 태어나서 득령을 하지 못했으나 일지에 득지하고 년주에 壬子水가 있어서 득세를 했으나 일지·월지가 巳亥 충이 되어서 부모와 초년기에 생사이별하게 되었다.

여자 사주에서 관이 남편인데 관이 보이지 않는다. 사주에서 투출된 관이 없는데 식신이 왕해서 수생목(水生木)으로 설기를 당하게 되어서 신이 약해지게 된다.

천간은 정신이라면 수생목(水生木)으로 나무를 키워서 자라나는데 의지력을 키워 주게 되니 水는 희생물이 되어 몸을 불사르게 되는 것이다. 신약하다 함은 근본적으로 선천 운에서 水가 약해서 그런 것은 아니다. 사주 내에서 신을 도와주는 인수가 없는데 식신·상관이 과다하게 많은 것이 병이 되는 것이다. 일지 亥水에 지장간에 甲木이 암장되어 있고 시지 卯木과 亥卯의 목국(木局)의 반합을 이루고 있는데, 월간·시간에 乙木의 식신이 있어서 일간의 癸水가 氣를 설기당하게 됨으로써 허약하다.

여자 사주에서 꽃이라 할 수 있는 관이 없는 것이 사실로써 사주의 구성이 선천적으로 이렇게 됨으로써 남자가 없는데 식신·상관이 많으면 창녀사주다.

관살재인격 - 회장 사주

시간 편재 사주 예

시주	일주	월주	년주	구분
乙 未	辛 卯	丙 申	辛 丑	사 주
	甲乙			장간

이 사주는 辛卯 일주가 丙申 월주에 태어나서 신왕하고 년지 丑土가 년간 辛金을 생해서 비견이 왕한데 일간에 卯木에 재를 깔고 앉았고 시간에도 乙木이 재(財)가 된다.

월간 丙火가 정관인데 년간 辛金과 丙辛合水가 되어서 수생목(水生木)으로 재를 생하게 된다. 관이 합을 하여 木

을 생해 주니 관살이 재를 생조해 주게 됨으로써 관살재생 격이 되었다. 신약 할 때에는 비견이 도움이 되지만, 신왕 에 비견은 과히 필요가 없다. 월지에 겁재가 있는데 년간 비견을 관이 제거해줌으로써 신(身)이 재(財)를 취할 수 있 으므로 재물을 움켜지게 되었다.

그리고 지지가 卯未에 목국(木局)을 형성하였고 시간에 乙木이 있어서 편재를 모두 취함으로써 여러 가지의 사업 을 하게 되고 卯木에 지장간에는 甲乙木이 암장되어 있어 서 정처 외에 편처를 두게 되는데 말년에는 편처와 살게 된다.

수토(水土) 혼잡 – 과수원이다.

월상 편재격 사주 예

시주	일주	월주	년주	구분
戊 辰	己 亥	癸 丑	丁 未	사 주
土 土	土 水	水 土	火 土	오 행

이 사주는 己亥 일주에 癸丑 월주이다. 월지에 丑土를 만 나서 월령을 했고 시주가 戊辰土가 되어서 비겁이 득세하

고 있고 사주 내에서 水와 土가 태왕하고 타 오행이 없다. 년간에 丁火는 모닥불로서 土의 온도를 조절할 수 있는 힘이 있어서 木이 들기만 하면 자랄 수 있는 여지가 많음으로써 대부분 이러한 사주에 직업은 과수원을 한다.

광활한 대지에 온도를 겨울에는 조절하지 못하고 계절에 맡기게 되는 것이다. 그리고 사주 내에 土가 많고 水氣가 충분하여 씨앗을 심으면 잘 자라나게 된다. 그리고 亥水 중에 甲木의 뿌리가 있어서 과일나무를 심어도 무방하여 과수원 농사를 짓게 되었다.

火일간에 木이 투출하면 학문이 고고하고 金이 강하고 水가 탁하면 무식하고 칠살이 양인 운을 만나면 한탕주의를 좋아하며 간지(干支)가 암합하고 귀인이 많으면 여자는 매춘부이다.

화토(水土) 혼잡 – 농부이다.

월상 편재격 사주 예

시주	일주	월주	년주	구분
戊	己	癸	丁	사
辰	亥	丑	亥	주
	戊甲壬		戊甲壬	장간

73	63	53	43	33	23	13	3
乙	丙	丁	戊	己	庚	辛	壬
巳	午	未	申	酉	戌	亥	子

이 사주는 남자 사주로서 己亥 일주에 癸丑 월주이다. 년지가 亥水에 정재이고 시주가 겁재 戊辰土로서 구성이 되어 있다.

사주 내에 水와 土가 주류를 이루게 되면 농사나 과수원을 주로 하게 된다. 실제로 이 사주에 주인공은 강원도 산골짜기에서 산으로 돌아다니면서 약초를 캐거나 송이버섯을 따고 파전으로 농사를 짓는다.

대운에 흐름은 특별히 운이 들지 못하고 있으나 木 운이 들어와서 촉촉이 적힌 땅에 氣를 흡수하는 것이 가장 좋다. 亥水의 지장간에 甲木을 용신으로 하였으나 대운이 들지 못하고 말았다. 자연의 수목림을 찾아다니는 전형적인 농부의 사주이다.

년지 亥水의 지장간에 戊土가 시간에 투출이 되어서 겁재격에 해당이 되고 일지 亥水 중에 甲木은 일간과 甲己合土가 되므로 오나가나 土(흙) 속에서 土를 벋어나지 못하고 시주가 비겁격이 되어서 많은 土를 가지게 되면 비겁에게 빼앗기게 됨으로써 두메산골에 영세농이다.

재관인(財官印) - 장군이다.

시간 편재 사주 예

시주	일주	월주	년주	구분
庚	丙	己	壬	사
子	申	卯	午	주
金	火	土	水	오
水	金	木	火	행

이 사주는 丙申 일주가 己卯 월주에 태어나서 득령을 했으며 년지 午火의 도움이 커서 신왕하다. 사주가 신왕하고 재왕하므로 아쉬울 것이 없고 壬水와 子水의 관이 왕하다. 이 사주는 재와 관 그리고 인수가 있으므로 재생관관생인

인생신(財生官官生印印生身)이 되어서 길하다.

사주 오행이 골고루 있고 신왕하면 매사가 순조로우나 년주에 壬午가 水·火가 대립하고 있어서 결단심이 약하고 마음에 분란이 많다.

그리고 위장이 약하고 속에 열이 많다. 위장이 약한 것은 사주 내에서 土가 약하기 때문이고 속에 열이 많은 것은 사주 내에서 火가 많기 때문이다.

재관상생 – 선비이다.

시간 편재격 사주 예

시주	일주	월주	년주	구분
戊辰	甲寅	庚戌	癸丑	사주
乙癸戊	戊丙甲	辛丁戊		장간

이 사주는 甲寅 일주가 庚戌월주에 태어나서 득령하지 못했으나 甲寅 일주가 양목(陽木)으로 년간 癸水에 찬 이슬만 먹고 살 수 없어서 신약하다.

특히 甲寅일, 丙辰일, 戊辰일, 壬戌일, 庚辰일은 일덕이라 해서 괴강을 만나면 가난한 학자로서 말년은 길하다.

甲寅은 寅이 甲에 복록이요, 寅木에 지장간에 戊土가 재요 庚은 관이 되어서 재관상생이다. 특히 이 사주는 시주가 戊辰이므로 戊辰은 辰土의 지장간에 乙木이 丙에 정인이요, 癸는 정관이므로 관생인 寅木을 생하는 신이요 戊辰에 辰 중에 乙木은 戊의 정관이요, 癸는 정재이니 재관상생이다.

　庚辰은 辰 지장간에 乙木은 庚金의 정재요, 戊는 인수이니 관생인, 寅木을 생하는 신이다. 壬戌은 戌土에 지장간에 辛은 壬의 정인이요 戊는 편관이요 丁은 정재이니, 재생관으로 관을 생해 주는 인수이다. 일지가 寅木인데 월지가 戌土이니 寅戌이 화국의 반합이 되어서 후천 운에서 午火가 들어오게 되면 허약한 甲木이 지지마저 떠나게 되어서 홀아비가 아니면 부인과 떨어져 있는 시간이 더 많게 된다.

정재격 – 처 덕 있는 내과의사

정재격 사주 예

시주	일주	월주	년주	구분
壬	癸	丙	壬	사
戌	未	午	寅	주
辛丁戊	丁乙己	丙己丁		장간

이 사주는 癸未 일주가 丙午 월주에 태어나서 월지를 얻지 못했고 일지에 득지하지 못했다. 그런데 년간에 壬水 비겁과 시간에 비겁의 도움으로 유지가 되고 있다. 이 사주는 월지 午火의 지장간에 丁火가 암장되어 있고 일지·시지에 지장간에 丁火가 암장되어 있다.

일간 癸水가 지장간에 丁火를 충하는 것인데 충함으로써 지장간만 쳐다보는 것이다. 이 사주의 직업은 실제로 내과의사다. 투출된 癸水는 지장간에 갇혀 있는 丁火에게 능히 이길 수 있는 관계로 내과의사가 되었다.

사주 내에서 목왕(木旺)하고 토왕(土旺)하면 농업 등의 고정사업을 주로 하게 되고 오행이 치우치면 사업에 풍파가 많고 오행이 균등할수록 사업이 평온하며 사주 내에서 병과 복신이 균등하면 피동적인 사업으로써 다소 힘이 드나 성공을 한다. 상관이 많고 신왕하면 종교, 예술, 음악가(성악가) 등이 많으며 편재가 있고 신왕하면 상업 또는 사업가이고 상관이 양인을 만나고 겁재가 있으면 노동자 또는 걸인이다.

이 사주는 월주 천간 지지가 정재·편재가 되어서 부모에게 물려받은 재물이 있게 되고 지장간에 편재가 깔려 있으므로 처덕(妻德)이 있어서 처갓집에서 도움을 받게 되는 사주다.

재왕신약 – 큰 스님 사주

년상편재격 사주 예

시주	일주	월주	년주	구분
甲	壬	癸	丙	사
辰	午	巳	戌	주
		戊庚丙	辛丁戊	장간

　이 사주는 壬午 일주가 癸巳 월주에 태어나서 득령하지 못했고 일지에 정재를 만나서 득지하지 못했다. 거기에 시간에 甲木이 식신이 되어서 壬水에 氣를 설기해 감으로써 매우 신약한데, 지지에 午火에 재가 午戌 반합으로 火가 왕하고 巳午의 화국(火局)의 반합이 되어서 재를 감당할 수가 없다.

　년지 戌土 중에는 辛金에 정인이 있는데, 시지에 辰土가 辰戌 충을 하면 정인에 모체가 깨어지게 되고 월지 巳火의 지장간에 庚金도 巳午의 합이 되어서 인수에 의지는 소멸이 됨으로써 도저히 본인이 사회생활을 연명할 수가 없고 년간에 丙火 역시 丙壬 충으로 신(身)을 극하고 있으니 조상을 믿고 가통을 이어갈 수가 없어서 결국 속세를 떠나게 된다. 시간에 甲木이 큰 재목이 되어서 불가에서는 크게 이

름을 떨쳤다.

그러나 사주의 선천 운에서 천간에서 칠살이 있고 지지
에서 칠살이 뚜렷하여 사회에서는 불만이 많은 사주이다.

자오묘유(子午卯酉) - 풍류객이다.

子午卯酉 사주 예

시주	일주	월주	년주	구분
乙 酉	庚 午	丙 子	辛 卯	사 주
木 金	金 火	火 水	金 木	오 행

이 사주는 庚午 일주가 丙子 월주에 태어나서 실령을 하였
고 일지에도 午火의 정관을 만나서 신약하나, 년간에 辛金과
시지에 酉金의 겁재를 만나서 그나마 유지를 하고 있다.

시간에 乙木도 乙庚合金으로 일간에 크게 도움이 된다.
그러나 지지가 子午卯酉가 되어서 구성이 좋지 않다. 정관
午火가 子水를 만나서 子午 충이 되고 정재인 卯木이 시지
에 酉金을 만나서 卯酉 충이 되어서 사주 구성이 이렇게 되
면 지지 전체가 충이 되므로 관이나 재를 충으로 하므로 발

복을 하지 못하게 되고, 지지는 운(運)에 작용을 주도하는
데, 충살로 인해서 운이 활동을 하지 못하게 되어서 발운과
흉격이 겹치게 됨으로써 매우 흉하다.

정관이 子午卯酉가 있어서 도화를 만나면 길하고 칠살이
子午卯酉를 만나면 창녀이고 관살혼잡으로 귀인이 많으면
가무(歌舞)에 능하다.

살신(殺神)은 합이 되면 길하고 살신이 아니고 합이 많으
면 가무에 능하다. 천간이 투출한 字가 상련하면 복이 많고
지지에 같은 字가 상련하면 혼사가 두 번 있다.

종아격 – 화류계 기생이다.

종아격 사주 예

시주	일주	월주	년주	구분
丙	甲	戊	辛	사
寅	午	戌	亥	주
		辛丁戊		장간

이 사주는 甲午 일주가 戊戌 월주에 태어나서 득령을 하
지 못했고 일지에 午火를 만나서 실령을 하였다.

지지가 寅午戌의 화국(火局)에 삼합이 되어서 종아격이

되었는데, 종아격이란 사주 내에 火 오행이 왕해서 木이 火에 따라가게 된다.

월지 戌土에 지장간에 辛金이 암장하고 있어서 그 辛金이 년간에 투출이 됨으로써 정관격인데, 정관을 버리고 종아격으로 가게 되어 남편을 배신하고 왕한 세력으로 따라가게 된 것이다.

종아격이 되어서 정관 辛金이 반대로 재가 되었는데, 辛金이 가만히 있을 수가 없으므로 亥水에게 금생수(金生水)를 하여 힘을 실어 주게 되니 亥水가 관의 노릇을 하게 되어서 자기 몸을 자기 마음대로 할 수 없다는 것이다.

亥水가 관으로 유흥업소에서 돈을 벌게 되면 亥水에 기둥서방에게 모두 갖다 바치게 된다.

그것은 화종(火從)으로 가게 되어서 재가 辛金인데 金이 먹여 살리는 곳은 水이기 때문이다. 그리고 기본적으로 甲木으로 태어났기 때문에 먼 안목이 있는데다, 火旺하게 되어 水를 찾아야 살아남을 수 있어서 물을 찾게 되므로 실제로 유흥업소에서 일하는 화류계 고급기생의 사주다.

칠살 왕 - 문학가다.

월지 · 상관 사주 예

시주	일주	월주	년주	구분
庚	丙	丁	己	사
子	午	丑	未	주
		癸辛己		장간

이 사주는 丙午 일주에 일지가 午이고 시지 子와 子午충이 된다. 그리고 년지와 월지가 丑未 충이다.

丙午 일주가 간여지동(干與支同)이고 월지 丑土의 지장간에는 己土가 암장되어 있는데 그 己土가 년간에 투출이 됨으로써 상관격이다.

사주가 신왕하다 하더라도 상관이 많으면 항상 분주하여 정신적으로 바쁘고 안정이 되지 못하게 된다. 특히 지지 전체가 칠살이 되어서 산만한 사주가 되었다. 그런데 사주 내에서 지지 전체가 충이 되면 외부로 발설을 하지 못해서 심적으로 글로서 표현을 하게 됨으로써 문학가이다.

사주 내에서 칠살이 약하고 인수가 많으면 문학가이고 편관 · 편인이 동주하면 상업가 외교관이며 칠살이 없어서 신약하면 여자는 배우이고 편관이 사주에 다섯 개 이상 있으면 창녀이고 관살이 혼잡하면 창녀 아니면 첩이다.

칠살이 있고 戊午·丙午·壬子, 이 3日柱는 여자는 조산부, 여승(女僧), 창녀가 많고, 편관을 제외하고 합이 많으면 여자는 비천한 배우이며, 합이 많으면 화류계나 연예인이다. 관이 태왕해서 식신의 억제가 없으면 창녀이고 정관이 사주 내에 4개 이상 있으면 남자는 관직이 오래 존속하지 못한다.

병신합수(丙辛合水) – 창녀이다.

월상정관격 사주 예

시주	일주	월주	년주	구분
丁 酉	辛 丑	丙 午	壬 寅	사 주
火 金	辛 丑	火 火	水 木	오 행

이 사주는 辛丑 일주가 丙午 월주에 태어나서 신약하다. 그런데 천간이 丙辛合水요, 丁壬合木이고 지지에서는 寅午 반합이요 酉丑으로 반합이 있다. 여자 사주 내에서 합이 많으면 암암리에 사통(私通)이 있게 된다.

사통이라 함은 주변의 인물들과 타인에게 공공연히 공개할 수 없는 일을 말한다. 사주 내에서 합을 좋아하지만 합이란 꼭 필요한 오행이 되었을 때 귀하게 되는 것이다.

사주 내에서 도화가 많으면 기생이며 도화란 화려함을 말하는데, 화려함은 외모뿐만 아니라 마음의 화려함도 포함이 되어서 정신적인 화려함을 추구하다보면 몸에 氣가 흩어지게 된다. 정관이 사주의 전국이 되고 천간과 지지가 암합이 많으면 창녀이고 지지에 재관이 많으면 음란하고 비천하고 자식을 극한다.

丙辰 일주 − 삼겹살집 사장이다.

월간식신격 사주 예

시주	일주	월주	년주	구분
庚	丙	戊	壬	사
子	辰	申	辰	주
金	火	土	水	오
水	土	金	土	행

이 사주는 丙辰 일주가 戊申 월주에 태어나서 실령을 하였고, 일지에 辰土는 水의 고(庫)가 되어서 실지를 하였는데 丙火를 도와주는 인수마저 하나도 없어서 丙火로서는

완전히 상실을 하게 되었다. 이 사주의 주인공은 식당을 하는데 소고기를 전문하는 식당이다. 사주 내에서 지지가 申子辰의 수국의 삼합을 이루었고 또 시간에 庚金과 년간에 壬水가 있어서 水가 사주를 장악하게 되었다. 식당 일을 하는 것까지는 좋은데 하필이면 소고기집, 갈비집이다. 소는 원래 土에 해당이 되는데 고기로 따질 때에는 火에 해당이 되어서 별로 재미가 없을 것이라고 했다.

그런데 장사란 한번 정해지면 쉽사리 바꾸지 못하므로 그대로 소고기집 장사를 하게 되었다. 그런데 아니나 다를까, 소고기 파동이 일어나게 되자 본의 아니게 사업은 잘 되지 않았고 적자가 쌓이게 되었다. 그래서 나중에 돼지 삼겹살이라는 품목으로 바꾸고 나서야 그나마 현상유지를 하고 있다는 것이다.

丁火 일간 - 풍수지리학자이다.

월간·편재 사주 예

시주	일주	월주	년주	구분
壬寅	丁卯	辛卯	辛未	사주
水木	火木	金木	金土	오행

　이 사주는 丁卯 일주가 월지에 卯木을 만나서 월령을 하였고 일지에도 편인을 만나서 득지하여 신강한 사주다.

　그런데 사주가 신왕하면 마땅히 설기할 곳을 찾아야 하는데 설기할 곳이 없다.

　년지 未土 또한 卯未로서 목국(木局)으로 변했고 년간·월간이 辛金으로 편재인데, 편재는 마땅히 재물로서 흙으로 덮어 숨겨두어야 보석인데 노출이 됨으로써 불안하다. 이 사주는 土만 넉넉히 있게 되면 丁火가 왕하고 丁火를 생해주는 木의 인수가 많아서 만사가 해결이 된다.

　그래서 일평생 동안 좋은 땅을 찾아다니며 돌아다니는 풍수지리학자가 되었다. 직업이란 본인의 사주에 맞아야 하므로 우연히 직업을 가진다는 것이 풍수지리학자가 된 것이다.

그래서 사주를 보고 직업을 구해야 하는 이유가 바로 이러한 데서 비롯된 말이다. 이 사주는 土가 용신이요 土인 땅이 넓어야 많은 木이 뿌리도 내릴 수가 있다. 실제로 이 사주에 주인공은 땅을 찾아서 전국을 헤매다 보니 학문이 높은 풍수지리학자가 되었다.

丁巳 일주 - 보신탕집 사장이다.

월간·편인 사주 예

시주	일주	월주	년주	구분
辛	丁	乙	辛	사주
亥	巳	卯	巳	사주
金	火	木	金	오행
水	火	木	火	오행

이 사주는 丁巳 일주가 乙卯 월주에 태어나서 월령을 얻어서 신강하고 월간에 乙木에 투출이 되어서 편인격이다. 그런데 일지에 巳火가 득지하여 신강하다.

이 사주에 주인공은 본인이 장사를 하는데 잘 되겠냐고 물어오는 경우였다. 무슨 장사를 하느냐고 물었더니 보신탕집을 한다는 것이다. 그래서 자세히 사주를 살펴보니 사

주의 년지가 巳火요 일지가 巳火인데 巳戌이 원진이 되었
다. 많은 직업에 대한 사주를 분석하여 종합해 본 결과인데,
대부분 직업을 가진 사람이 그냥 아무 것이나 하는 것이 아
니라 일지와 년지에 연관된 것을 하고 있다는 것을 알 수가
있었다.

戊戌 일주 – 뱀탕집 사장이다.

戌土가 많은 사주 예

시주	일주	월주	년주	구분
壬戌	戊戌	丁亥	庚戌	사주
水土	土土	火水	金土	오행

이 사주는 戊戌 일주가 丁亥 월주에 태어나서 득령을 하
지 못했고 일지에 득지를 함으로써 신왕하다. 사주 내에서
土가 세력을 얻었고 월간에 丁火가 있어서 인수를 만나서
신왕하다. 특이한 점은 사주 내에 지지가 戌이 3개나 되어
서 戌이 왕하다.

사주가 이렇게 되면 巳와는 巳戌이 원진이 되어서 미워하

게 되고 월지 亥水가 巳火와는 巳亥 충이 되어서 뱀을 잡아서 끓여서 팔게 되는 것으로 뱀탕집을 하는 경우이다.

사주를 연구해 보면 본인이 가진 오행에서 원진살이 되는 경우에 음식장사를 할 때 우연치 않게 그러한 직업을 선택하게 되는데, 이 사주는 특히 亥水 또한 巳火와는 충이 되어서 더욱 그러하다.

사주 연구를 하는 사람들이라면 대부분 알 수 있을 것이지만 좀더 상세히 연구를 해 볼 필요가 있다. 그리고 만약 이러한 사주가 신약하게 되면 뱀에게 감당을 못하고 피해를 보게 됨으로써 산에 가면 뱀에게 자주 물리게 된다는 점을 기억해야 한다.

戊寅 일주 – 양계장 사장이다.

월상 · 상관 사주 예

시주	일주	월주	년주	구분
丁 巳	戊 寅	辛 卯	庚 寅	사 주
火 火	土 木	金 木	金 木	오 행

이 사주는 戊寅 일주가 辛卯 월주에 태어나서 실령을 하였고 일지에 관을 만나서 실지를 하였으나, 시주가 丁巳가 되어서 木에 생을 받으면 일간을 도울 수 있으므로 크게 신약하지 않다. 사주 오행에서는 각 띠마다 충이 되고 원진이 되고 또는 합이 되는 경우가 있다.

그런데 각종 직업을 조사해 본 결과에 의하면 첫째는 본인 사주 내에서 제일 부족한 오행에 해당하는 직업을 선택하는 경우가 많았고 반대로 가장 많은 오행에 해당하는 직업을 가지고 있었다.

그리고 본인 사주 내에서 충이 되는 경우와 원진이 되는 경우, 기타 형살에 의해서 직업이 정해지는 경우가 많은데, 위에 사주만 보더라도 寅과 酉는 원진살이고 卯酉는 충살되는데 양계장을 하는 경우이다. 그것은 아무래도 본인 사주에 충과 원진이 되는데, 그것은 년·월·일에서 있는 것이고 시지는 巳가 되어서 巳酉丑으로 합이 되는 영향이 크다. 이 사주는 양계장을 크게 운영을 해서 성공을 한 사례이다.

庚寅 일주 – 통닭집 사장이다.

庚寅 일주 사주 예

시주	일주	월주	년주	구분
己 卯	庚 寅	丁 巳	甲 寅	사 주
土 木	金 木	火 火	木 木	오 행

　이 사주는 庚寅 일주가 丁巳 월주에 태어나서 득령을 하지 못했고 일지 寅木에 편재를 만나서 매우 신약하다. 그런데 시간에 己土가 있어서 간신히 연명을 할 수가 있는데 실제로 통닭집을 하고 있다. 통닭이라면 酉는 닭으로 년지 寅과 일지에 寅이 있어서 월지에 巳와는 형살이 되는데, 하필이면 통닭집일까 하고 생각을 해 보았더니 寅酉는 원진이되는 이유이다. 원진이라면 서로가 미워하는 세력이 됨으로써 삶아서 파는 것이다.

　사주를 연구하면서 직업에 대한 것을 많이 연구해 보면기초에서 공부하는 오행과의 상생관계라든지 충이나 원진살 형살관계와 많이 연루되어 있다는 것이 사실이다.

庚戌 일주 - 땅꾼이다.

월간 정재격 사주 예

시주	일주	월주	년주	구분
丙	庚	乙	壬	사
戌	戌	卯	戌	주
	辛丁戊	甲乙		장간

　이 사주는 庚戌 일주가 월지에 卯木의 재를 만났고 卯木
의 지장간에 乙木이 월간에 투출이 되어서 정재격이다.

　년간에 식신이 있고 지지가 전체적으로 戌土로 이루어져
있는데, 이 사주는 월지 巳火와 원진이 되어서 巳火는 뱀이
되므로 이러한 사주를 가진 사람이 가령 뱀 옆에만 가도 뱀
이 꼬리를 발발 떨면서 고개를 숙이게 된다.

　우리는 사주를 공부하면서 직업을 연구할 때 이러한 사
례를 참작한다면 잘 알아낼 수가 있을 것이다.

　실제로 이 사람의 직업은 뱀을 잡는 땅꾼이다. 그런데 한
가지 이상한 것은 웬만한 사람은 뱀을 보면 미리 겁을 먹고
몸이 움추려 들어서 뱀을 잡는다는 것을 상상도 하지 못한
다. 그런데 이 사주는 개띠이거나 戌일에 태어났다 함은 뱀
과 巳戌 원진(怨嗔)이 되어서 뱀이 미리 알고 고개를 숙이

면서 꼼짝 못하는 것이 자연의 이치이다. 그리고 뱀을 잡는 사람도 겁이 나지 않게 되므로 마음놓고 뱀을 잡게 되는 것이다.

辰辰 – 족발집 사장이다.

辰亥 원진 사주 예

시주	일주	월주	년주	구분
甲 辰	丁 未	庚 辰	庚 辰	사 주
木 土	火 土	金 土	金 土	오 행

이 사주는 丁未 일주가 庚辰 월주에 태어나서 득령을 하지 못했고, 일지 未土에 지장간에 丁乙己가 암장되어 있어서 실령하고 득지하지 못했다.

이 사주가 그런대로 현상유지를 하는 것은 시간에 甲木이 인수가 되어서 그럭저럭 살아갈 수 있다.

실제로 이 사주의 주인공은 여러 가지의 직업을 전전하다가 결국 족발집을 하게 되는데, 돼지와 용은 원진살인데 용띠가 돼지 족발집을 하게 되더라는 것이다.

그렇다면 원진이란 서로 미워하는 세력인데, 그것을 취급한다는 것이 이상하고 원진이 되어서 하도 미워하니까 삶아서 파는 것이다.

사주를 연구하다보면 이러한 사례를 매번 접할 수가 있게 된다. 이 공부를 하는 이들은 누구나 각별한 연구의 대상이 될 수 있다. 우리는 사주를 공부하면서 막연하게 충이다, 원진이다 하여 책에서 서술된 내용만 가지고 외우는 것도 중요하지만 사실적인 체험이 중요하다. 사례를 연구하고 실험해 봄으로써 사주에 대한 깊은 이해가 가능하게 될 것이다.

壬午 일주 – 소고기집 사장이다.

월간 · 편관 사주 예

시주	일주	월주	년주	구분
乙	壬	戊	庚	사주
巳	午	子	午	
木	水	土	金	오행
火	火	水	火	

이 사주는 壬子 일주가 戊子 월주에 태어나서 월지에 득

령을 하였고 월간에 戊土의 편관이 있고 년간에 편인 庚金이 금생수(金生水)를 함으로써 신강한 사주다. 그런데 년지가 午火에 일지가 午火로써 비견이고 시지에 巳火가 되어서 지지가 巳午 반합이 되었다.

거기에 사주 내에 丑午 원진살이 있어서 이 사주에 주인공은 실제로 소를 잡고 장사를 하는 소고기집을 하는 경우이다.

자연이란 그 작용이 방대함으로써 사주를 공부하는 사람들은 이러한 것을 심중히 연구를 해 보는 것이 중요하다. 주변에 있는 사람들의 사주를 풀어보면서 연구해 볼 필요가 있다. 사주가 신강하여 오행이 강할 때에는 능히 감당을 할 수 있어서 이용하여 장사를 하면 소득이 있게 되지만 본인의 사주가 신약하고 오행이 약하게 되면 그 장사를 함으로써 오히려 건강이 나빠지게 되어서 좋지 못하다.

癸未 일주 – 정육점 사장이다.

월간 · 비견 사주 예

시주	일주	월주	년주	구분
庚申	癸未	癸未	辛未	사주
金金	水土	水土	金土	오행

이 사주는 癸未 일주가 癸未 월주에 태어나서 천간 지지가 모두 비견이다. 년지에도 未土가 되어서 그 未土가 지지 전반에 있다.

이러한 사주를 가진 사람은 주로 소고기집이나 정육점을 하는 예이다. 그것은 丑이 소이므로 소와 인연이 있는 모양이다. 소를 키워도 소가 말은 잘 듣고 정육점을 하면 돈이 잘 벌리는 경우가 많다.

직업을 알아보면 그 사람과 반대가 되는 띠나 일지를 가진 것이 대부분이다. 사실은 丑未는 충이 되어서 자기 세력이 강할 때에는 양이 소에게 이기기 때문인 것으로 알 수가 있다. 그런데 한 가지 이상한 것은 각 띠마다의 일지와 충이 되는 예는 그 장사를 해도 잘 되고 있다는 점이다.

그러나 한 가지 유의해야 할 점은 未가 약할 때에는 소를 키우게 되면 손해를 보고 오직 사주에서 가진 오행이 강할 때 유익이 있게 된다.

금약(金弱)에 火가 단절 – 토역장이다.

금약에 火가 단절된 사주 예

시주	일주	월주	년주	구분
庚 寅	辛 卯	壬 辰	癸 未	사 주
金 木	金 木	水 土	水 土	오 행

이 사주는 辛卯 일주가 壬辰 월주에 태어나서 월지를 얻었다지만 寅卯辰의 목국의 방합을 만남으로써 신약하다. 년지에 未土가 卯未로 변하게 되고 壬癸가 식신·상관으로서 金의 힘을 설기하고 있다. 金일간이 약해서 木을 극하지 못하고 火가 단절이 되면 金은 톱이나 도끼 같은 연장을 다루는 직업이다. 金이 약하고 火가 단절이 되면 토역장 내지는 목공이다. 金일간이 허약한데 재성인 木이 왕하게 됨으로써 재다신약이 되어서 재는 과다하여 아예 木에게 종을

하게 됨으로써 재종격(財從格)이 되므로 木으로 하는 직업
이다.

金일간 추생(秋生) — 행상인이다.

金일간 추생 사주 예

시주	일주	월주	년주	구분
乙	辛	戊	戊	사
未	酉	申	辰	주
木	金	土	土	오
土	金	金	土	행

  이 사주는 辛酉 일주가 戊申 월주에 태어나서 金의 힘이
왕하다. 년간과 월간이 土로서 辛金에 인수가 된다. 金일간
이 가을에 생해서 土가 많으면 빈천한데 金이 가을에 태어
나면 왕하므로 土의 인수가 불필요한데 土에 인수가 많음
으로서 金을 생하고 도와서 金이 태왕하여 흉하고 한편으
로는 土가 두텁게 金을 덮어서 金이 못쓰게 되어서 광채를
잃음으로 가난하다.
  金이 강하고 木이 약하면 노점상이나 행상 등 상업을 주로
하게 된다. 金일간에 木이 재가 됨으로써 신강재약하여 가난

하고 木이 왕성하면 농업을 하기도 하지만, 木이 약하고 金이 살벌하여 木이 피해야 할 신세이므로 이동하는 직업 내지는 행상인으로서 연명을 하며 집안에서 조용히 앉아 있으면 오히려 불안하므로 외부로 돌아다니게 된다.

제9장 외모와 성정

년상 상관 - 우둔하다.

년상 상관격 사주 예

시주	일주	월주	년주	구분
丙辰	戊戌	乙丑	辛亥	사주
	辛丁戊	癸辛己		장간

이 사주는 戊戌 일주가 乙丑 월주에 태어나서 丑土의 지장간에 辛金이 암장되어 있고 년간에 투출이 되어서 상관격이다. 년상 상관은 부모덕이 없고 조부를 패하고 연주가 모두 상관이면 단명하고 재물이 오래가지 못하여 고생하게 된다. 년월 상관은 부모와 처자식이 불안하고 여자 사주에서는 부모와 인연이 희박하다.

년·월에 상관이 있고 또 겁재가 있으면 비천한 태생이며 고생길이고 일지 상관이 되면 처자식이 불안하다. 욕망은 크나 성사가 되지 않고 시비가 많다. 이 사주는 특히 戊

戌 일주가 간여지동이 되어서 천간과 지지가 음양에 구별이 없어서 부부 운이 약하고, 戌戌 일주는 모두 土가 되어서 성정이 우둔하고 게으른 것이 특징이 되어 사회에서 호평을 받기 어렵다. 시간에 丙火에 인수가 있어서 노년에는 자식에게 신세를 지게 되어 자식 또한 고달프다. 일지와 시지가 辰戌로 충이 되어서 자식과 뜻이 맞지 않는다.

일지 상관 – 얼굴에 부상을 당한다.

월지·겁재격 사주 예

시주	일주	월주	년주	구분
癸 酉	甲 午	乙 卯	戊 寅	사 주
水 金	木 火	木 木	土 木	오 행

이 사주는 甲午 일주에 일지 午火가 상관으로서 월주가 비겁이요 년지가 寅木에 비견으로 일간이 태왕한데, 일지와 년지가 寅午 반합으로 되어서 火氣가 강하여 水氣로서 火氣를 제압해야 마땅하다.

일에 상관이 있는데 세운에서 또 상관을 만나면 부상당하고 상관이 파괴를 주동하므로 상처를 입는다. 연일에 상관이 있고 세운에 상관이 있으면 얼굴에 부상을 당한다. 얼굴은 몸에서 대표위치로 기본이 되기 때문이다. 시지에 상관의 재가 酉金인데 癸水가 상관의 관이 되어서 상관의 횡포는 일단 막을 수가 있게 된다.

癸水는 木을 키워서 상관을 제압하는 데는 미흡하므로 대운, 세운에서 土가 들어와서 상관의 기운을 설기함이 타당하다. 후천 운인 대운이나 세운에서 土 운이 들게 되면 일지에 상관의 氣를 설기하므로 순풍에 돛을 단 격이 된다.

시간 · 정재격 — 음란하다.

시간 · 정재격 사주 예

시주	일주	월주	년주	구분
戊	辛	辛	己	사
戌	巳	未	亥	주
			戊甲壬	장간

이 사주는 辛巳 일주가 辛未 월주에 태어나서 신왕하고 시간에 정재가 있는데 여자 사주 내에서 정재가 시간에 투출이 되면 길명이 된다.

사주 내에서 정재와 정관 그리고 정인이 겸비하면 재능이 있게 되고 정재가 과다하게 많으면 오히려 흉하여 가난하다. 정재와 정인이 파(破)하면 시부모와 불화하다.

여자 사주에서 정재는 자신이요, 정인은 시부모가 되어서 서로 상충되면 고부간에 불화하고 정재가 있고 정인이 과다하면 음란하거나 비천하다.

정재는 여명(女命) 자신으로 하나요 정인은 시부모인데 자신 한 사람이 많은 시부모에 사역이 되므로 비천한 부인이요, 여자 사주에서 비견은 남편의 편처가 되고 자신의 비겁이 되어 정재가 한 개만 있고 정인이 많다 함은 본인 이외에 많은 다른 여자가 남편이 없어서 남자를 찾아 헤매는 격으로써 음란하다.

상관상진(傷官傷盡) - 왜소하다.

월상정관격 사주 예

시주	일주	월주	년주	구분
甲	壬	己	乙	사
辰	申	未	巳	주
		丁乙己		장간

이 사주는 壬申 일주가 己未 월주에 태어나서 未지장간에 乙木이 년간에 투출이 됨으로써 상관격이다. 그리고 未

土 중에 丁火가 투출이 되어서 일간인 壬水와 합이 된다면 상관상진이 된다.

상관상진이 재가 왕하고 신왕하고 인수도 왕하면 귀한 사주이나, 상관상진에 재가 없으면 거만하고 음험해서 미움을 받고 술책은 뛰어나도 성사가 안되어 가난하다.

壬水가 득지했다고 하지만 월주가 정관격이고 시간에 식신이 있고 년간에 상관이 있어서 신약하다. 사주가 신약한데 비해서 인수가 적고 일지·편인이 되어서 이러한 사주의 구성이 되면 나이가 연상인 부인과 결혼을 하게 된다.

사주 내에서 火·土 상관은 상관상진이 되면 길하고 火 일간에 土가 상관이면 水가 관이 되어 일주에 불리하나, 재인 金을 만나면 대길하고 인수인 木 운이 들면 세력이 강해지므로 길격이다. 木·火 상관이 신왕해야 길격이고 신약에 木 상관은 몸이 마르고 살이 없어서 여위게 된다.

상관 칠살 - 욕심이 많다.

시상 · 상관격 사주 예

시주	일주	월주	년주	구분
辛	戊	乙	辛	사
酉	戌	丑	未	주
金	土	木	金	오
金	土	土	土	행

이 사주는 戊戌 일주가 乙丑 월주에 태어나서 상관격이다. 연상·상관 辛金이 乙木과 乙辛 충이 되었다. 상관·칠살은 여자 사주에서 남자와 자식을 뜻하게 되는데, 상관이 칠살을 제압을 하는데 신약해서 감당하지 못하므로 가정이 불화하다. 그리고 상관격에 인수가 없어서 욕심이 많은 사주로 인수가 상관을 억제하는 데 인수가 없으면 상관이 꺼려하는 곳이 없어서 상관의 본질인 탐욕이 나타내게 된다.

예를 들어서 戊土 일간에 상관은 辛金인데 상관을 제압할 수 있는 火가 있어야 일간을 돕고 상관을 제압하고 견제할 수 있다. 그리고 상관이 천간과 지지에 뿌리를 하고 있는데 식신·상관인 水가 없고 火도 없다함은 상관이 독제를 할 수 있는 여건이 된다.

그래서 사주 내에 상관격이 재가 없으면 총명해도 가난

하고 상관격이 겁재가 있으면 탐욕이 심하여 직업 없이 떠
도는 불량배나 무뢰한이 된다.

상관격에 정관이 없으면 신왕 또는 재왕운에 발복하는데,
상관격이 지지에 양합(兩合) 또는 삼합이 상관이 되고 겁재
양인이 있으면 흉하다.

이 사주는 상관을 설기할 수 있는 水 운에서 길하나 지지
지장간에 丑土 중에 癸水가 있기는 하지만 그 뿌리가 약해
서 후천 운인 대운과 세운에서도 水 운이 온다 해도 크게
발복을 기대할 수가 없다.

선인후재(先印候財) - 무도(無道)하다.

선인후재 사주 예

시주	일주	월주	년주	구분
丁卯	甲戌	壬子	辛巳	사주
火木	木土	水水	金火	오행

이 사주는 甲戌 일주가 壬子 월주에 태어나서 월주에 인
수를 만났으니 선인(先印)이고 년간에 辛金을 만났는데 선

인이 되어서 선인후재(先印候財)는 흉하고 선재후인은 길하다.

사주의 선과 후라 함은 년·월이 선이고 일시가 후이니 년·월은 조상과 부모로서 일시를 생하고 일시는 자손으로 조상과 부모를 설기한다. 그것은 자연의 순행이치와 같고 물이 아래로 흘러내리는 이치와 같다.

년·월에 인수가 있고 일시에 재가 있으면 인수가 재를 생할 도리는 없고, 재가 인수를 극해서 한편으로는 극하고 한편으로는 설기하므로 대흉하고 자손이 조부모와 부모를 극하는 무도한 자로서 염치를 모른다. 년·월에 재가 들고 일시에 인수가 있으면 조부모와 부모는 생을 주로 하고 극하지 아니하므로 재가 비록 인수를 극하지만 극하지 않게 되어서 길하다.

양목(陽木) 간여지동 - 몸집이 비대하다.

시간편인격 사주 예

시주	일주	월주	년주	구분
壬	甲	辛	癸	사
申	寅	未	酉	주
水	木	金	水	오
金	木	土	金	행

이 사주는 甲寅 일주가 시간에 壬水를 만나서 甲木이 왕
성하다. 그러나 주변에 金 오행의 관이 많다. 사주에서 양목
(陽木) 일주에 金이 많고 火의 제함이 없으면 강포하고 흉
악한 사람으로 양목은 강목이므로 金이 많으면 木을 극대할
줄만 알고 거기에 火의 억제가 없으면 金이 더욱 난폭해서
흉악하다. 시간에 壬水에 편인이 일간을 수생목(水生木)을
하므로 키가 크고 몸집이 비대하다. 그런데 사주 내에서 인
수가 많아서 극제가 없으면 가난하고 신약하면 요절한다.
사주 내에 관이 한 개만 있고 억제가 없어서 왕하면 밝고
귀하며 인수가 두 개가 있으면 맑고 어질고 인자한 어머니
의 교육을 받는다. 부(父)는 투출이 되고 모(母)는 숨어 있
으면 비천하고 정관·편관이 난잡하면 복이 되지 않는다.

임수(壬水) 상관 - 음란하다.

시상 · 상관격 사주 예

시주	일주	월주	년주	구분
壬 辰	辛 未	戊 子	庚 戌	사 주
水 土	金 土	土 水	庚 土	오 행

이 사주는 辛未 일주로서 월지에 식신을 만났으나 월간에 정인과 년주가 비견과 편인이 되어서 일간에 도움이 되고 있고 일지에 未土 편인으로 일간을 돕는 세력이므로 신왕하다. 사주 내에서 시상상관이 겁재를 만나면 말년에 불행하고 정관을 만나면 발복한다.

이 사주는 辛未 일주가 子월에 태어나서 子水에 지장간에 壬水가 시간에 투출이 되어서 상관격이 된다. 시상상관의 사주가 년간에 庚金의 겁재를 만났다. 년간 · 겁재는 일간에 비겁이 되어서 상관에게 설기당하는 힘을 일간이 떠맡게 됨으로써 겁재는 여전히 일간의 재물을 탐하여 말년에 재물이 줄어드는 이치다.

사주 내에서 정관이 겁재를 극하고 인수를 생해서 인수

는 상관을 극하여 발복하고 정관이 없으면 겁재가 상관을
저지해서 불행이 된다.

상관이 있고 관살혼잡이 되면 호색하고 음란하다. 연주의
주부성이 모두 상관이면 단명하고 월주의 주부성이 모두 상
관이면 형제간에 버림을 받고 부부이별하고 시주의 주부성
이 모두 상관이면 자식이 말년에 불행하다. 상관이 양인에
있으면 상관 양인 살이 되어서 극악하므로 비천하다.

편인상관(偏印傷官) - 우둔하다.

식신격 사주 예

시주	일주	월주	년주	구분
壬 午	庚 戌	戊 子	庚 辰	사 주
水 火	金 土	土 水	金 土	오 행

이 사주는 庚戌 일주가 戊子 월주에 태어나서 월간과 일
지에 편인을 만나서 신강하다. 그런데 월지에 子水가 상관
인데 일지가 극을 하게 된다. 사주 내에서 편인이 주로 식
신을 극하나 상관도 극을 하므로 편인과 상관은 주로 악을

폭로하고 복을 파하고 시비를 들추어낸다.

년간에 庚金에 비견이 투출이 되어서 조상과 골육상쟁(骨肉相爭)이 되므로 시비와 싸움이 잦게 되는데, 그것은 년지와 일지에 辰戌의 칠살이 있기 때문이다.

사주 내에서 살이 많은데 성내지 아니하면 도적이고, 칠살이 많아서 회동하면 폭력배이며, 일주가 가두어지면 쇠약하고 둔해서 무력자이고, 비견이 왕하고 상관이 있으면 흉하며 가난하다. 水가 土에 극을 받아서 金이 강하면 일자무식이며, 水가 土를 만나면 탁해서 우둔하고, 金이 水를 생해서 水가 왕성하고 火를 만나지 못하면 냉해서 쓰지 못하고, 金이 火를 만나지 못해서 그릇이 안되면 무식하고, 칠살이 양인을 만나면 무예 검술에 능하다.

편인격 – 금전에 인색하다.

월상편인격 사주 예

시주	일주	월주	년주	구분
己	乙	癸	辛	사
卯	丑	丑	卯	주
	癸辛己	癸辛己		장간

이 사주는 乙丑 일주가 癸丑 월주에 태어나서 월지 丑土 중에 己土가 편재로서 시간에 투출이 되어서 신왕하다. 사주 내에서 편재가 왕하거나 많으면 사치를 좋아하고 허영심이 많다. 일주가 왕하면 화합을 좋아하고 일주가 약하면 좌우에서 일주를 돕지 아니하면 재가 있어서 인색해서 금전만 알고 의리가 없고 재산을 모으지 못한다.

　사주 내에서 재가 土인데 土는 마땅히 땅에 있어야 하는데, 천간에 투출이 되었으니 재산이 가벼워서 재산이 흩어지고 모을 수 없게 된다.

　성격이 옹졸하여 돈이 수중에 들어가면 나오지 않으니 장사나 사업을 하려면 투자를 해야 하는데 움켜쥐고 있어서 열매를 맺지 못하게 된다.

　乙木 일간이 丑土 중에 편재를 깔고 앉았다고는 하지만 丑土에는 癸辛己가 들어 있어서 癸水는 찬 우물에 불과하고 辛金은 일간과 乙辛 충이 되어서 토질이 각박하여 깊이 뿌리를 내리지 못하게 되어서 활기가 없고 차고 냉하다.

　그래서 온도가 필요한데 사주 내에서 火가 고갈이 되어서 결국 발복을 하지 못하고 후천 운인 대운에서 火 운이 오면 좋다가도 火 운이 지나면 물위에 재물이 거품처럼 사라지게 된다. 그것은 사주 내에서 지장간에라도 火에 후원이 있어야 하는데, 사주 내에서 火에 뿌리도 씨앗도 없어서

후천 운에서 들어오는 火 운을 붙들 수 없으니 운이 들어와
도 스쳐가게 되는 것이다.

화토(火土) 상관 – 질투심이 강하다.

월상·상관격 사주 예

시주	일주	월주	년주	구분
辛	丁	戊	庚	사
亥	卯	寅	辰	주
		戊丙甲		장간

이 사주는 丁卯 일주가 戊寅 월주에 태어나서 상관격이
지만 월지에 정인을 만나서 생을 받게 되고 일지에 卯木이
편인을 만나서 신강하다.

사주에서 상관격이 이루어지게 되면 상관의 세력에 의해
서 일간이 끌려가게 되는 것이다. 가령 상관·정관·식
신·정재가 주 중에 혼잡하면 색정으로 질투와 탐욕으로
어리석은 인물이 된다.

정재가 정관을 생하나 상관이 정관을 극해서 남편이 희
박하게 되므로 남편을 찾기 위해서 질투하고 식신·정재는
모두 식록(食祿)으로서 상관의 총명한 기운을 설기해서 어

리석고 유치하다.

월지 寅木의 지장간에는 戊丙甲이 암장되어 있어서 그 중 戊土는 월간을 돕게 되고 丙火는 일간의 비겁이기는 하나 일간이 약하면 일간을 돕게 되어 양면성을 지니고 있다.

상관이 있고 관성이 없으면 남편이 사망해도 정절해서 수절을 한다. 이 사주는 시지 亥水의 관이 있으나 일지 卯와 亥卯 반합의 국이 되어서 인수로 변하여 일간은 강해지게 되어도 관에 세력이 소진된다.

丙午 정인격 - 성격이 온순하다.

시상 정인격 사주 예

시주	일주	월주	년주	구분
乙 未	丙 午	丁 卯	己 丑	사 주
		甲 乙	癸辛己	장간

이 사주는 丙午 일주가 丁卯 월주에 태어나서 월지에 卯木의 지장간에는 정인이나 편인이 암장되어있고 정인인 乙木이 시간에 투출이 되어서 火가 왕하다. 일주는 상모(相貌)가 두텁고 성질이 성실하다. 火일생은 살을 억제하고 합

살이 되면 결단력이 없고 살이 많아서 재가 없고 제압이 있으면 신체가 풍후하고 성질이 온화하다.

이 사주는 丙午 일주가 양인격의 간여지동이 되어서 왕한데다가 월지 卯木을 만났으니 태왕하고 시간이 乙木이 되어서 木·火를 감당하지 못하고 상관·년주에 의존하고 있다.

년주·상관은 火氣를 받게 되나 마땅히 설기할 곳이 없고 사주 내에 水가 고갈되어서 평정이 되지 못하고 있다. 그러나 년지 丑土에 지장간에 癸辛己가 암장되어 있고 지지 巳丑의 금국(金局)의 반합이 되어서 이것은 조상의 무덤에 의해서 氣를 받아서 보호를 받고 있는 것이다.

丑은 土요 土속에 암장된 오행이 도움이 된다 함은 조상의 묘를 명당 내지는 최소한 무해지지(無害地支)에 모신 것이 확실하여 본인이 氣를 받고 있다는 것이다. 그래서 인간은 산의 자식이라는 말이 있다. 그것은 우리 조상을 산에다 모신 까닭이다.

戊辰 일주 정재격 - 비밀이 많다.

월상 정재격 사주 예

시주	일주	월주	년주	구분
丁 巳	戊 辰	癸 丑	丁 丑	사 주
		癸辛己	癸辛己	장간

이 사주는 戊辰 일주가 癸丑 월주에 태어났고 시주가 丁巳로서 土가 왕한 사주이다. 사주 내에서 土가 왕하면 신체가 비대하고 어음이 중탁하고 걸걸하며 심성이 돈후하다.

그러나 대인관계가 원활하지 못하여 신용을 얻기가 힘들다. 그것은 土일간이 왕하면 土는 그 심정이 조용하고 반면 게을러서 노력이 부족하고 심중이 깊어서 내심을 보이지 않으니 타인에게 호감을 얻기 어렵다. 그리고 한 자리에 앉아 있게 되면 엉덩이가 무거워서 자리를 뜨지 않게 되어서 남의 인상을 찌푸리게 된다.

여자 사주에서 土가 왕하면 음란하여 정조가 없어서 여러 남자와 만나게 되고 숨겨진 비밀을 많이 간직하여 남이 그 마음을 알 수가 없다. 이 사주는 월지 丑土의 지장간에 癸水가 암장되어 있는데 그 癸水가 월간에 투출이 되어 있어서 정재격이다.

정재는 지지에 있는 것이 마땅한데 월간에 투출이 되었다 함은 그 세도를 과시하는 것이다.

년지·월지와 일지의 지장간에 癸水가 뿌리를 하고 있어서 그 뿌리가 두텁고 거기에 辛金까지 옆에 있어서 水氣가 매우 강하다. 이 사주의 주인공은 처가살이로서 더부살이를 하는 사주다.

戊戌에 합이 많다. – 성음이 중탁하다.

시상 정인격 사주 예

시주	일주	월주	년주	구분
丁巳	戊戌	壬戌	丙寅	사주
火火	土土	水土	火木	오행

이 사주는 戊戌 일주가 월지에 戌土를 만났으니 득령하여 태왕하다. 土일주가 태왕하면 신체가 비대하고 이목구비가 크고 면색이 붉고 성음이 중탁하다.

그러나 土 일주가 쇠약하여 사주에 불리한 신이 있으면

신체가 왜소하고 면색이 검붉고 성질이 천하여 가식이 많고 언사도 길상이 없다.

사주 내에 土가 많아서 火氣를 설기하면 인정이 없고 土 일주가 강하고 극이 없으면 고집이 많고 둔하다.

土 일주가 왕하면 戊土는 광활한 대지와 같아서 많은 자원이 내포가 되어 있어서 많은 동식물이 생명을 유지할 수가 있으나, 戊土 일간이 왕하면 水가 있어야 하며 木이 있어야 대지를 덮을 수 있으므로 좋다. 그래서 戊土 일간에 용신은 재관(財官)을 쓰게 되면 그 비중이 크게 된다.

戊土 일간이 왕하다 하여 金을 용신으로 잡게 되면 명예가 실추가 되어서 결실이 없다. 그리고 재물을 다른 곳에 투자를 하게 되어 실패하게 된다.

庚申 일주 – 성격이 난폭하다.

乙庚合金 사주 예

시주	일주	월주	년주	구분
乙	庚	壬	己	사주
酉	申	戌	丑	
木	金	水	土	오행
金	金	土	土	

이 사주는 庚申 일주가 壬戌 월주에 태어나서 신왕하다. 그러나 사주 내에서 金일간이 왕하면 좋지 못하다. 예를 들어 金 일주는 성질이 급하고 일지에 상관이 있으면 예능이 많으나 흉악하다. 金은 무겁고 미련하고 가벼운 氣가 되어서 막무가내가 된다.

庚金 일간은 원래 그 성질이 거칠고 다듬어지지 않은 광물로서 木을 만나게 되면 성격이 포악해지게 되나 火를 만나면 유(柔)하고 수확이 있게 된다. 광물을 녹여서 그릇을 만들어서 완성이 되려면 木·火가 같이 들어와서 다듬어야 하기 때문이다. 그런데 庚申 일주가 水가 들어오게 되면 금생수(金生水)로 소통이 될 것 같지만 광산이 허물어져서 곧 파산하게 된다.

金 일주가 土에 생을 받게 되면 신체가 좋으며 명랑하고 성질이 강직해서 금전을 중대시하지 아니하고 의리가 있다. 그러나 金일주가 재와 관이 모두 파(破)가 되고 사주가 편고해서 좌우에서 원조하지 아니하면 비천하고 포악하고 탐욕이 많다.

金의 관은 火인데 사주 내에서 火가 없으므로 법이 무서운 줄 몰라서 행동이 거칠다. 그리고 사주에서 관은 아들인데 사주 내에 관이 없다면 자식이 없어서 말년에 고독하다.

가령 金이 보석이라도 흔하게 노출이 되어 있게 되면 천하게 되는 이유이다. 그래서 土로서 金을 덮어주고 감추어야 더욱 귀하게 된다는 것이다. 金이 태왕하다면 그 세력을 함부로 건드리지 말고 土로서 덮어 주는 것이 곧 미래에 보상을 받게 된다.

庚申 일주 - 황소고집이다.

월상 겁재격 사주 예

시주	일주	월주	년주	구분
壬	庚	辛	辛	사
午	申	酉	未	주
水	金	金	金	오
火	金	金	土	행

  이 사주는 庚申 일주가 辛酉 월주에 태어나서 신왕하다. 사주 내에서 金일간이 왕하면 안면이 청백하고 성음은 명랑하고 강직하고 의기양양하다.

  庚金에 성정은 때로는 포악하고 광대해서 허영심이 많고 포부가 크나, 내실이 허실하여 따라주지 못하므로 마음뿐이다. 강산은 속은 비어있고 외부에서 보기에는 단단하다.

  庚金 일간이 金·水를 만나면 허물어지게 됨으로써 실속

이 없으나 비교적 외모에 의젓함이 있고 대범하게 움직인다. 후천 운인 대운이나 세운에서 火를 만나면 길하고 水를 만나면 실속이 없어서 허망하다. 이 사주는 신왕하고 비견과 겁재가 뭉쳐 있으나 정작 중요한 재(財)가 없다. 재가 있어야 음양에 조화가 있고 식신인 壬水를 움직여서 설기를 유도하게 되는데, 재가 투출이 된 것이 없어서 외롭고 고집이 황소 같아서 타인과 대화가 부족하고 사회생활에서 융화가 어렵다.

그리고 월주와 일주가 辛酉, 庚申으로 간여지동이 되어서 천간과 지지가 오행이 꼭 같아서 이것은 음양의 조화가 없고 남녀의 구별이 없어서 무분별하므로 부부가 화합하기 어렵다.

壬子 일주 – 피부가 검다.

시간 정인격 사주 예

시주	일주	월주	년주	구분
辛	壬	丙	甲	사
丑	子	子	午	주
金	水	火	木	오
土	水	水	火	행

이 사주는 壬子 일주가 丙子 월주에 태어나서 水왕한 사주다. 水 일주가 왕하면 모발이 많고 성질이 총명하고 눈빛이 맑고 음욕이 많고 土의 억제세력이 없거나 土가 木의 파를 받으면 결단성이 없으며 가식이 많다. 水 일주가 왕하고 명운이 파괴되면 피부가 검붉다. 그것은 사주 내에서 水氣를 제거해주는 木이 부족하여 간장이 허해서 더욱 그러하다.

　水 일주가 왕하고 발이 넓어서 잘 돌아다니고 행상인이 많고 인내력이 없고 언사가 빠르고 면상에 작반이 있고 신체가 마르고 추하다. 水 일주가 적당하면 성질이 민첩하고 봉사와 희생정신이 강하고 사리에 분별력이 있고 모범적이다.

제10장 신 살

고란살(孤鸞殺) – 과부이다.

간여지동 사주 예

시주	일주	월주	년주	구분
丁 卯	甲 寅	乙 巳	丁 亥	사 주
火 木	木 木	木 火	火 水	오 행

이 사주는 甲寅 일주가 고란살이다. 사주 내에서 고란살이 일간에서 있게 되면 과부가 된다는 말은 과거 신살에서부터 전해지고 있다. 고란살은 辛亥일, 甲寅일, 戊申일, 丁巳일, 乙巳일에 5日柱는 고란살로서 고란살에 특징은 주로 과부가 많다는 것이다.

고란살이 아니더라도 여자 사주가 甲寅 일주가 되면 양인살에 간여지동이 되어서 천간과 지지가 음양이 같아서 남자운이 없어서 과부가 된다는 것은 자명한 이치이다.

사주 내에 정관이 상관에 있으면 남편에 대한 잔소리가 심하고 정관만 있고 칠살이 없으면 남편의 성정이 온순하고 부녀자의 덕이 구비되어 있다.

정관이 녹(祿)에 있으면 남편이 신체가 비대하고 부귀하고 관살이 장생에 있으면 남편이 장수하고 일주가 왕하면 부부가 해로한다.

그런데 이 사주는 관이 남편인데 金이 관이라면 사주 내에 투출된 관은 없고 巳火의 지장간에 庚金이 있는데 월간에 乙木이 비겁으로 짝을 이루고 있어서 甲木에게는 차지가 되지 않음으로써 과부 신세를 면치 못한다.

일지 · 도화 – 남자를 극한다.

卯午 도화 사주 예

시주	일주	월주	년주	구분
癸卯	壬午	辛卯	戊午	사주
水木	水火	金木	土火	오행

이 사주는 壬午 일주에 월지 卯를 만나서 도화이다. 일지가 월지와 도화가 되면 연애결혼이요 결혼을 하면 남편의 외도가 심하다.

특히 월지는 부모 궁이 되어서 월지·도화는 모(母)가 화려하다. 사주는 인체와 같이 유전적이어서 그 자식도 유전성이 있어서 화려하게 외모를 치장하기 좋아하며 바람기가 다분하여 많은 남성을 만나서 연애를 하게 된다.

사주 내에서 관이 약하고 재가 없어서 일주가 강하고 상관이 없으면 남자를 극하고 관이 약하고 재가 없고 일주가 왕하고 인수가 많으면 남자를 극하며 관이 없고 비겁이 왕하면 남자를 극한다.

그리고 인수가 왕하고 재가 없으면 남자를 극하고 관이 왕하고 인수가 약하면 남자를 극하며 비겁이 왕하고 관이 없고 상관이 있고 인수가 왕하면 남자를 극한다.

그리고 여자 사주에서 일지에 재를 깔고 앉게 되면 팔자가 세다고 보는 것인데, 이것은 선천적인 운으로 볼 때 그러하나 후천 운에서 용신이 잘 들게 되면 사회활동이 남자 못지않게 활발하다.

일덕귀인 – 팔방미인이다.

월간 편재격 사주 예

시주	일주	월주	년주	구분
己 酉	壬 戌	丙 午	壬 申	사 주
土 金	水 土	火 火	水 金	오 행

이 사주는 壬戌 일주가 午월에 태어나서 득령하지 못했고 득지하지 못했다. 그러나 甲寅일, 丙辰일, 戊辰일, 壬戌일, 庚辰일은 일덕이라 해서 이상은 모두 재관상생으로 형충파해가 없으면 관직에 현달할 사주이나, 만일 괴강을 만나면 전부 충파가 되고 중한 土가 되어서 가난하고 지지 중에 인수가 있는 관계로 선비가 되어 형충을 만나면 지장간이 파해서 발복하는 관계로 끝에 가서는 길하다.

庚辰일, 庚戌일, 壬辰일, 戊戌일이 괴강으로 여자 사주에 천월이덕이 동주가 되면 얼굴이 아름답고 체격이 풍만하여 전형적인 미인이다.

일덕이라 하지만 오행상으로 壬戌은 관을 깔고 앉은 격이므로 여자가 관을 깔았다 함은 남자의 氣를 누르고 있다는 뜻으로 일부종사하기 어렵다.

남자는 하늘이고 여자는 땅으로 음양의 이치에서 하늘이 땅 위에 있는 법인데, 이 사주는 땅이 하늘을 누른다하여 적합하지 않고 여자 사주가 관왕재왕이 되어서 팔방미인 형이지만 팔자가 세다고 보는 것이다.

양인과 백호대살 - 부친이 객사한다.

양인과 백호대살 사주 예

시주	일주	월주	년주	구분
乙丑	甲辰	辛卯	癸巳	사주
木土	木土	金木	水火	오행

이 사주는 甲辰 일주가 辛卯 월주에 태어나서 양인을 만났고 甲辰 일주가 백호대살이다. 양인과 백호대살이 동시에 만나면 고향을 등지고 객지로 떠돌게 되고, 편재에 겁재가 있게 되면 부친이 조사하고 정인에 재성이 있으면 모친이 조사한다.

칠살이 있고 비겁이 좌하면 부친이 객사하고, 편재가 사

(死)나 절(絶)에 해당하는 살 궁에 있으면 유년기에 부친과 사별한다. 재성이 많고 인수가 사(死)에 있으면 유년기에 모친을 잃게 되고, 편재와 정재가 많으면 유년기에 부모가 사망하며, 인수가 많고 재성에 겁재가 있으면 부모가 사망하게 된다. 편재가 공망이 되고 인수가 왕성하면 모친이 개가하여 계부를 섬기게 되고, 사주 내에서 인수가 재에 좌하면 부모에게 근심이 많다.

문창귀인(文昌貴人) - 문학인이다.

월상편인격 사주 예

시주	일주	월주	년주	구분
丁	丁	乙	己	사
未	酉	卯	丑	주
			癸辛己	장간

이 사주는 丁酉 일주가 문창귀인에 해당한다. 丁火일간이 월지에 卯木을 만났으니 신왕한데 일지에 문창귀인을 만났다.

문창귀인은 丙申일, 戊申일, 丁酉일, 己酉일, 壬寅일, 癸卯일에 6日柱요, 이 중 丁酉 일주로서 신왕하여 지지에 재를 깔고 앉게 되어서 여복(女福)과 재복(財福)이 깃들어 있는데, 문창귀인이 되므로 문학에 남다른 재능이 있다.

사주가 신약하고 흉신이 들게 되면 흉신에 의해서 끌려가게 되는데, 신왕에 길신이 들면 길신에 의해서 사주의 운이 흐르게 되므로 길하다.

특히 丁火 일간은 예리하고 성품이 온화하고 신의가 있어서 타의 추종을 받게 된다. 이 사주는 丁酉 일주가 인수가 돈독하게 되어 길격이나 아쉬운 것은 관인 水가 투출이 되지 못하였으므로 년지 丑土에 癸辛己가 암장되어 있어서 후천 운에서 水 운인 관운이 오면 발복하게 된다. 그것은 시간에 丁火에 비견이 있는데 水일간이 丁火 비견을 쳐서 제압을 하는 경우이다.

이 사주는 선천 운이 잘 타고 났고 후천 운에서 사주에서 제일 중요한 용신운이 잘 들어오게 됨으로써 크게 발복이 있는 것이다.

학당귀인(學堂貴人) - 학자이다.

학당귀인 사주 예

시주	일주	월주	년주	구분
壬	戊	乙	壬	사
子	寅	巳	辰	주
水	土	木	水	오
水	木	火	土	행

이 사주는 戊寅 일주가 乙巳 월주에 태어나서 득령을 하였고 일지에 寅木이 관으로서 학당귀인이다. 사주가 월지를 얻었다고는 하지만 신왕하지 못하다. 월간에 정관이 있고 일지가 편관에 있는데 그 편관이 학당귀인이다.

사주 내에서 학당귀인이 있으면 학문적으로 크게 명성을 얻게 되고 거기에 관(官)운까지 겹치면 높은 관직에 오르게 된다.

사주 내에서 관이나 살이 귀인이 있으면 남편이 귀하고 관이나 살이 왕성해서 묘사(墓死)에 있으면 무방하나, 관이나 살이 약해서 묘사에 있으면 남편을 극하고 일지에 寅木의 관을 깔게 되면 신왕하여 관(官)을 누를 수가 있어야 귀격이 된다.

신약해서 감당을 하지 못하면 독수공방을 면치 못한다. 이 사주는 시주가 편재나 정재가 되어서 일지 寅木을 키워서 편관에 굴복을 하게 된다. 월간·정관도 년간에 壬水가 생을 하게 되어 정관이 강하여 정관과 편관이 싸우게 되므로 어느 한쪽의 손을 들어 줄 수 없어서 결국 독수공방이다.

도화문창(桃花文昌) — 풍류객이다.

일지·편재 사주 예

시주	일주	월주	년주	구분
乙巳	丁酉	庚午	乙丑	사주
木火	火金	金火	木土	오행

이 사주는 丁酉 일주로서 문창귀인이고 월지에 午火가 도화살이다. 일지에 도화문창은 총명해서 지혜가 있고 월시에 있으면 일지에 있는 것만 못하다. 金·水 일주가 도화에 있으면 면모가 아름답고 풍류를 좋아하는데 이 사주는 丁火 일간에 월지 午火가 일간을 도와서 신왕하고 시주가 乙巳가 되어서 시간은 편인이 되고 시지는 巳酉丑의 금국

(金局)의 삼합이 되어서 왕한 일간에 재국이 됨은 귀한 명이 된다.

신왕한 사주에 재국을 이루면 재물 덕과 처 덕이 있어서 부귀를 누리게 됨이 틀림없다.

이 사주는 용신인 水 운이 들어오면 크게 발복이 있게 된다. 대운은 10년을 담당하게 되는데 이 사주의 흐름을 볼 때 말년 운에서 용신 운인 水 운이 들게 된다. 水는 丑土의 지장간에 癸水가 있으므로 대운에서 水 운이 들면 첫째는 태왕한 신을 제압하고 왕한 金氣를 설기해 주게 되므로 통관이 되어서 사주의 운이 순조롭게 풀리게 된다.

길신(吉神) 역마 – 타향살이

길신 역마 사주 예

시주	일주	월주	년주	구분
丁 酉	丙 寅	庚 子	辛 巳	사 주
火 金	火 木	金 水	金 火	오 행

이 사주는 丙寅 일주에 일지 寅木과 월지 子가 만나서 역

마살이다. 그래서 子水는 寅木에 수생목(水生木)하여 일간의 丙火에게 목생화(木生火)가 되고 있다.

그러나 일간 丙火가 월지 子水에 득령할 수 없고 일지와 역마가 되었다 함은 부모와의 인연이 희박하여 멀리 타향으로 떠도는 무역업자나 행상인이 아니면 천리만리로 이민을 가게 된다.

월지와 일지가 역마에 있다 함은 되도록 멀리 떠날수록 자수성가하게 된다. 길신이 역마에 있으면 직위가 높고 흉신이 역마에 있으면 재앙으로 인해서 도망가는 일이 생기고 분주하다.

가령 역마가 합이 되면 재촉하는 거와 같아서 길흉사가 자주 빈발하고 역마가 충이 되면 달리는 말에 채찍을 하는 격으로 길사는 더 길하고 흉사는 더 흉하다. 일간이 역마에 있으면 동하는 일이 많고 월지에 역마가 있으면 부모代부터 끼가 다분한 가정임을 알 수가 있다.

월주 庚子는 금생수(金生水)를 하여서 부모가 색정에 능하고 지지에 식신이나 상관을 만나게 되면 음란하여 끼가 다분히 있게 되는 것이다. 사주는 선천 운에서 후천 운으로 물려오는 과정에서 유전성이 강하여 부전자전(父傳子傳)이 되는 것이다.

정관에 역마 - 기생이다.

정인격 사주 예

시주	일주	월주	년주	구분
戊	乙	壬	丁	사
寅	卯	申	丑	주
戊丙甲		戊壬庚	癸辛己	장간

이 사주는 乙卯 일주가 壬申 월주에 태어나서 월간에 壬水를 만나서 신왕하다. 그런데 정재 戊土가 시지 寅木에 있어서 시지가 역마살이다.

이 사주는 일주가 乙卯로서 음인격에 간여지동이고 월지에 득령을 하지 못했다 하더라도 일주에 천간·지지가 모두 木이고 시지에 비겁이 있고 월간에 정인이 있어서 신왕하다.

월지 申金의 지장간 중에 壬水가 월간에 투출이 되어서 정인격인데, 시지에 寅木 중에는 丙火가 상관으로서 지장간에 갇혀있고 년간에 丁火가 식신으로 투출이 되어서 이 사주에 주인공은 재가(再嫁)해서 아들을 두었다.

그리고 여자 사주에서 역마가 일지에 있으면 일부종사가 어렵고, 정관이 역마에 있으면 기생이고 정관이 합이 많으면 비천하며 사주 내에서 부성(夫星)이 없으면 첩 내지는 독신이다.

여자 사주가 정관이 많으면 독신이 아니면 기생(妓生)이고, 여자가 일이나 시에 칠살이 있어서 사절(四絶)이 되면 노상에서 일한다.

이 사주는 정인이 월지·지장간에 뿌리를 하고 있고 월간에 투출이 되어서 정인인 水가 木을 낳아서 자식이 되었는데, 乙卯는 천간·지지가 나란히 있다 함은 배다른 동생이 있다는 것이다.

년지 丑土의 지장간에 癸水에 편인이 있기 때문에 이 사주의 주인공은 편처에게서 태어났고 일지 卯木은 본처의 딸이다.

정관에 역마 - 남편이 객사한다.

정관격 사주 예

시주	일주	월주	년주	구분
乙	甲	辛	乙	사
亥	辰	酉	未	주
木	木	金	木	오
水	土	金	土	행

이 사주는 甲辰 일주가 辛酉 월주에 태어나서 월지 酉金의 지장간에 辛金이 암장되어 있어서 그 辛金이 월간에 투출이 됨으로써 정관격이다. 그런데 정관 酉와 시지 亥가 만나서 역마살이다. 시지와 월지가 역마가 되면 자식이 멀리 타향객지로 떠나게 되고 甲辰 일주가 백호대살이 되어서 본인은 객지에서 객사하게 되는 운이다. 사주 내에서 살이 많아서 그 살에 영향을 받을 때에는 용신을 구하는 운에서 좋지 않다. 사주 내에서 관살이 역마에 있으면 남자가 멀리 이동하거나 출가하고 일주가 정관과 합하면 친밀하고 후덕하다. 비겁이 정관이나 칠살과 쟁합을 하면 남편이 외방에서 첩을 두게 되고 귀인이 합이 되고 혹 관살이 쟁합하면 첩이나 기생이다.

도화와 역마 - 비명횡사(非命橫死)

도화와 역마 사주 예

시주	일주	월주	년주	구분
庚	辛	己	癸	사
子	未	未	丑	주
金	金	土	水	오
水	土	土	土	행

이 사주는 辛未 일주가 년지 丑土와 丑未 충이 되었다. 그런데 월지 未土가 막아 주고 있으니 안심이다. 시지 子와 년지 丑은 지지가 亥子丑의 반합이고 월지와 일지는 未土가 비견으로 상반이 됨으로써 사주가 매우 시끄럽게 되었다.

칠살이 충이 되어 합이 없으면 성질이 포악해서 흉사하고 역마가 양인 또는 칠살에 있어서 충이 되면 객사하고 고향을 떠난다. 그리고 도화가 양인 또는 칠살에 있으면 충이 되면 간음으로 흉사한다. 이 사주는 일지 未土와 시지가 도화가 되어서 충을 피하고 노년까지 끼가 다분하니 문화술예계통이나 연예인으로서 활동을 하게 된다.

대운이나 세운에서 木 운이 들면 水氣를 설기해 주고 金의 재가 되어서 왕한 金에게 일을 시킴으로써 돈을 벌게 하므로 용신이 되어서 발복이 따르게 된다.

사주 내에 재가 살을 생해서 억제가 없고 다른 기신이 들게 되면 흉악한 운명으로 대개 흉사한다.

사주 내에서 살이 태중하면 억제가 태중해도 흉한 일을 만나고 사주에 양인이 충이 되어서 합이 없으면 이것을 「양인도과(陽刃倒戈)」라 하여 흉악하고 비명횡사한다.

도화와 역마 – 풍류객이다.

편인격 사주 예

시주	일주	월주	년주	구분
癸 酉	甲 寅	戊 子	壬 午	사 주
水 金	木 木	土 水	水 火	오 행

　이 사주는 甲寅 일주에 일지 寅과 子가 역마로서 시지에 酉와는 도화가 된다. 도화가 재성과 정관·식신과 녹신·정인에 있으면 길해서 연애로 성공하고 재물이 따르고 사주 내에서 도화 문창이 있게 되면 풍류객이다.

　甲寅 일주가 월지 子水의 지장간에 壬水가 있고 년간에 투출이 되어서 편인격이 되었다. 일지·월지가 역마가 있다함은 부모와 인연이 없어서 부모를 떠나서 천리타향으로 떠돌게 된다. 일지·월지가 도화가 됨은 부모가 부부의 인연이 없어서 편모(偏母)가 있는 것이다. 그런데 월지 子水는 따지고 보면 기신(忌神)에 해당이 됨으로써 흉격이다. 일간이 왕한데 왕한 木에 기운을 설기를 해 가는 곳이 상관 午火인데 그 午火를 충을 하게 되어서 도화살 이전에 子水

는 이 사주에서 꺼리는 기신이 되는 것이다.

이 사주는 일주가 甲寅으로 간지동이 되어서 부부연이 없어서 부전자전(父傳子傳)으로 음양이 고르지 못함을 증명하는 것이다.

도화와 역마 – 음료수 장사

도화와 역마 사주 예

시주	일주	월주	년주	구분
乙 酉	庚 子	丁 酉	丙 戌	사 주
木 金	金 水	火 金	火 土	오 행

이 사주는 庚子 일주가 일지 子와 酉가 도화살이다. 일주가 왕하고 도화가 편인에 있으면 연애로 인하여 번민이 많고 편인이 용신이 되면 무방하다.

사주 일간이 왕한데 일지에 삼관(三官)을 두었으니 애처가(愛妻家)다.

庚金이 子水를 지지에 두면 금생수(金生水)하여 나이가 어리고 딸 같은 부인을 두게 되고 중년에 가서야 장가를 들게 되었다.

일주가 왕하고 도화가 비견에 있으면 여성관계로 인해서 타인과 쟁탈이 생해서 구설수가 많고 결국 파산한다. 그러나 비견이 용신이 되면 무방하고 도화가 칠살 또는 양인에 있으면 연애로 재앙이 생겨서 관재구설수와 소송으로 인해서 파산하고, 이것이 심하면 간음으로 흉사(凶死)하고 칠살이나 겁인이 용신이 되면 무방하다. 가령 재가 많고 신약해서 일주에 도화에 있고 신을 재어하지 아니하면 여자로 인하여 패가망신한다.

일지에 도화가 있고 일간이 금생수(金生水)를 하게 되면 유흥업이나 물장사로서 승부를 해야 한다. 이것은 일간이 金이고 水를 배설한다 함은 일간이 강할 때에 가능하다.

도화와 역마 - 연예인·화류계

도화와 역마 사주 예

시주	일주	월주	년주	구분
己	壬	庚	甲	사
酉	辰	午	寅	주
土	水	金	木	오
金	土	火	木	행

이 사주는 壬辰 일주가 일지 辰에 酉시가 도화살이다. 사주 내에서 도화살은 강약의 구별이 있어서 사주 중에 있는 것은 강하고 대운에 있는 것은 약하다. 일시에 든 것이 먼저이고 년·월에 든 것이 그 다음이 된다. 여자 사주에서 도화살은 음욕이 강하여 개가(改嫁)하는 경우가 많고 직업은 연예인 또는 화류계가 많다.

사주가 일간이 강한데 일지와 시지가 도화가 되면 사치와 미모에 정신이 팔리게 되어서 주위의 시선을 끌게 된다.

가령 과거에는 도화살이 있으면 여자가 화려함을 추구하여 화류계나 창녀의 명이 되기 쉬웠으나, 근래에는 여자가 활발하게 활동을 하게 되므로 실제로 연예인이나 배우와 같은 예능분야에서 활동하면 크게 명성이 나는 경우가 많다.

만약 일주가 金·水요 도화가 시(時)에 있으면 명리서에 「다금다수(多金多水)는 다음(多淫)」이라 하였으며, 壬일간이 지지에 辰이 있으면 수고(水庫)가 되어서 음란하다. 그래서 사주 내에서 도화가 있다 함은 선천 운에서 색정을 밝히게 되므로 후천 운인 대운이나 세운에서 제거해 주는 운이 들게 되면 다소 회복되기도 한다.

목욕 도화 – 친족과 살지 못한다.

목욕 도화 사주 예

시주	일주	월주	년주	구분
丁 巳	戊 子	丁 未	壬 子	사 주
火 火	土 水	火 土	水 水	오 행

이 사주는 戊子 일주가 丁未 월주에 태어나서 득령을 하였고 월간이 정인이고 시지가 편인이 되어서 신왕하다.

신왕 사주에 재가 왕하여 신왕재왕(身旺財旺)한데 년간과 월간이 丁壬合木이 되고 일간과 시간이 戊癸合火로서 오행의 합이 되었다. 그러나 지지가 子未가 원진이고 未에 子는 도화가 되어서 화려함과 사치에 능하고 도화는 목욕을 주도해서 벌거벗고는 친족과 살기가 곤란하여 부모 형제와 헤어져서 살게 된다.

사주 내에 목욕 도화가 있으면 음란하여 색정에 밝고 사치와 화려함을 추구하다가 패가망신하고 타지로 떠도는 운명이다. 그러나 후천 운인 대운에서 목욕 도화를 제거할 수 있는 운이 오면 의외로 호인과 같은 성품을 가지게 된다.

윤제胤齊
노영준盧永埈
40년 이상
풍수지리 및 역학
연구

· 2000년 사단법인 한국자연지리협회 설립
· 사단법인 한국자연지리협회 풍수지리 역학 강의
· 한국교육학술정보원 평가위원
· 대한뉴스 논설위원
· 1992년 EBS 교육방송 연재
· 1995년 한국일보 강의(10년간)
· 2002년 일본 니가타 대학 및 문화원 강의
· 국립현대미술관 초대작가 및 작품 소장작가
· KBS, SBS, MBC, TV조선 등 다수 출연
　－ 복권명당(종로3가)
　－ 박사마을(춘천)
　－ 맞선명당(서울프라자호텔)
　－ 봉하마을(노무현 전 대통령 생가)
　－ 연리지나무(충북 괴산)
　－ 덤벙산(전남 해남)
　－ '서울의 지세' TV조선 외

●● 주요 저서
· 역학비결(초급, 중급, 고급)
· 사주비결록(초급, 중급, 고급)
· 사주실전감정(화복론)
· 역학사전
· 명당의 기운(초급 패철사용법)
· 명당의 기운(중급 실전용세론)
· 명당의 기운(고급 패철화복론)
· 명당은 있다
· 양택 풍수(초급 실전인테리어)
· 양택 풍수(중급 주택인테리어)
· 양택 풍수(고급 고급인테리어)
· 주택명당

사단법인 한국자연지리협회
주소: 서울시 동대문구 왕산로 128
전화: 02-929-1188
홈페이지: www.ps21c.com

사주대로 산다 – 사주 고급

2016년 7월 30일 초판 1쇄 발행
2018년 8월 15일 초판 2쇄 발행

지은이 (사)한국자연지리협회 회장 노영준
펴낸이 진욱상
펴낸곳 백산출판사
교 정 편집부
본문디자인 박채린
표지디자인 오정은

저자와의
합의하에
인지첩부
생략

등 록 1974년 1월 9일 제406-1974-000001호
주 소 경기도 파주시 회동길 370(백산빌딩 3층)
전 화 02-914-1621(代)
팩 스 031-955-9911
이메일 edit@ibaeksan.kr
홈페이지 www.ibaeksan.kr

ISBN 979-11-5763-267-1   03180
값 16,000원